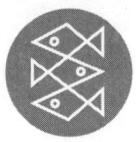

W0180282

Julius Wolfenhaut wuchs in Czernowitz auf und erlebte zunächst, wie in seiner Heimatstadt viele ethnische und kulturelle Gruppen – Juden, Ruthenen, Deutsche, Rumänen – friedlich miteinander lebten, bevor auch dort der Antisemitismus seine Wirkung zu erzielen begann. Der Rumänisierung der Bukowina ab 1918 folgte im Jahre 1940 die Besetzung des Landes durch sowjetische Truppen.

Diese führten Massendeportationen nach Sibirien durch, die vor allem den jüdischen Bevölkerungsanteil getroffen haben. Wegen »konterrevolutionärer Verbrechen« wurde der Vater, Nathan Wolfenhaut, sogleich im Juni 1940 zu Lagerhaft verurteilt; ein Jahr später deportierte man seinen Sohn Julius zusammen mit der Mutter.

Der junge jüdische Diplomingenieur musste als »sozialgefährliches Element« zunächst Schwerstarbeit auf einer Kolchose in Stalinka, einem Dorf am Wassjugan, verrichten. Anschließend wurde er als Lehrer in einer Schule für minderjährige Kriminelle in der Gebietshauptstadt Tomsk eingesetzt. 1956 hob man seine Verbannung auf. Die Rückkehr in seine Heimat wurde ihm jedoch nicht erlaubt. In Tomsk arbeitete Wolfenhaut daher 25 Jahre lang weiter als Lehrer für deutsche Sprache. Erst 1994 konnte er nach Deutschland übersiedeln.

In seinen Erinnerungen schildert der Zeitzeuge die Demütigungen und Entbehrungen derjenigen, die vom Sowjetsystem um ihr Lebensglück gebracht worden waren.

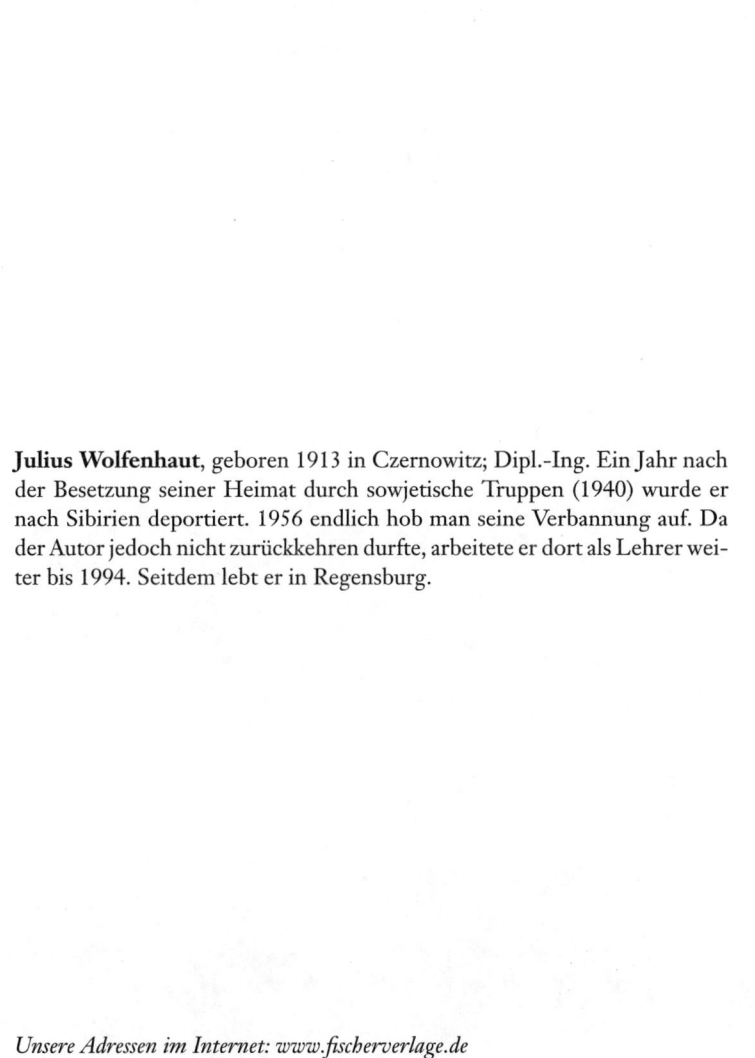

Julius Wolfenhaut, geboren 1913 in Czernowitz; Dipl.-Ing. Ein Jahr nach der Besetzung seiner Heimat durch sowjetische Truppen (1940) wurde er nach Sibirien deportiert. 1956 endlich hob man seine Verbannung auf. Da der Autor jedoch nicht zurückkehren durfte, arbeitete er dort als Lehrer weiter bis 1994. Seitdem lebt er in Regensburg.

Unsere Adressen im Internet: www.fischerverlage.de
www.hochschule.fischerverlage.de

Lebensbilder

Jüdische Erinnerungen und Zeugnisse

Herausgegeben von
Wolfgang Benz

Julius Wolfenhaut

Nach Sibirien verbannt

Als Jude von Czernowitz
nach Stalinka 1941–1994

Fischer Taschenbuch Verlag

Die Zeit des Nationalsozialismus
Eine Buchreihe
Herausgegeben von Walter H. Pehle

Originalausgabe
Veröffentlicht im Fischer Taschenbuch Verlag,
einem Unternehmen der S. Fischer Verlag GmbH,
Frankfurt am Main, April 2005

© 2005 S. Fischer Verlag GmbH, Frankfurt am Main
Alle Rechte vorbehalten
Satz: Fotosatz Otto Gutfreund GmbH, Darmstadt
Druck und Bindung: Druckerei C. H. Beck, Nördlingen
Printed in Germany
ISBN 3-596-16439-7

Meinem Vater, der in einem Lager des GULAG umkam,
meiner Mutter, die im sibirischen Dorf Stalinka hungers starb

Inhalt

Vorwort des Herausgebers

Julius Wolfenhaut wurde 1913 in Czernowitz geboren. Die jüdische Familie gehörte zum deutschen Kulturkreis, der in der Hauptstadt der Bukowina unter Herrschaft der Donaumonarchie eine Enklave hatte, die in friedlicher Koexistenz mit Ruthenen, Rumänen, Ungarn, Polen, Slowaken blühte und nationale oder ethnische Zugehörigkeit – Deutscher, Österreicher, Jude, Armenier – nur als sekundäres Merkmal wahrnahm. Auch nach 1918, als die Bukowina nach dem Zusammenbruch des österreichisch-ungarischen Imperiums an Rumänien fiel, blieb Deutsch als *Lingua Franca* allen Eingesessenen geläufig.

Die Familie Wolfenhaut stammte aus Galizien. Der Großvater war Gutsverwalter eines polnischen Großgrundbesitzers gewesen. Er hatte 13 Kinder. Einer der Söhne, Nathan, verließ mit 13 Jahren das Elternhaus in Czorno Koncziki. Seine älteren Brüder hat Nathan nicht gekannt, auch sie mussten früh das Elternhaus verlassen, sie sind in die USA ausgewandert, wo sich ihre Spur verlor. Nathan verdiente sich sein Brot als Treiber bei Jagden des polnischen Adels, als Babysitter, als Laufbursche, als Kommis. Anfang des 20. Jahrhunderts ließ sich Nathan Wolfenhaut in Czernowitz nieder, gründete mit seinen Ersparnissen und der Mitgift seiner Braut, Pepi Schneeweiß, ein Geschäft. Zu den vier Klassen Volksschule erwarb er sich, rastlos fleißig, eine umfassende Bildung, wurde wohlhabend. Er holte seine Eltern nach Czernowitz und kaufte ihnen als Alterssitz ein Holzhaus mit Veranda und Garten am Rande der Stadt. Dort lebten auch zwei Schwestern Nathans bis zu ihrer Heirat. Ein Bruder war Buchhalter in seinem Geschäft. Wohlstand und Bildung bestimmten den Hintergrund der Familie, mit der Geburt von Julius schien das Glück vollendet.

Julius ging nach dem Abitur zum Studium nach Brünn. In der Tradition der K. u. K.-Monarchie bestand in der Tschechoslowakei eine

deutsche Technische Hochschule parallel zur tschechischen TH in
Brünn. Julius Wolfenhaut studierte dort Elektrotechnik und erwarb
nach der zweiten Staatsprüfung am 24. Juni 1938 mit Auszeichnung
das Diplom, das ihn zur Führung der Standesbezeichnung Ingenieur berechtigte. (Die rumänischen Behörden in Czernowitz regis-
trierten ihn, wegen des Prädikatsexamens, sogleich als »Ingenieur
dritter Klasse«, normalerweise führten Hochschulabsolventen zunächst nur die Bezeichnung »Hilfsingenieur«.) Eine Stellung in diesem Beruf fand der 25-jährige Julius freilich nicht. Er verdiente sich
gerade ein Taschengeld mit Privatunterricht in Mathematik und
Physik. 1938/39 leistete er als einjährig Freiwilliger den Militärdienst in der rumänischen Armee, fand danach eine Stelle als Tech-
niker in einer Knopffabrik.

Mit dem Einmarsch der Roten Armee Ende Juni 1940 – die Bukowina war mit dem Hitler-Stalin-Pakt in die Einflusssphäre der Sowjetunion geraten – änderten sich alle privaten und beruflichen
Perspektiven. Nach einer Episode als technischer Zeichner fand Julius eine Anstellung als Laborant mit einem bescheidenen Gehalt
von 70 Rubeln im Monat. Das Geld war jetzt notwendig, der Wohlstand der Familie schwand unter sowjetischer Okkupation jäh dahin.
An Geldwerten waren ein für alle Mal 3000 rumänische Lei in 300
Rubel umgetauscht worden. Dann wurde der Vater, Nathan Wolfenhaut, verhaftet. Das Unglück der Familie nahm seinen Lauf.

Der Kaufmann Nathan Wolfenhaut, im Sommer 1940 ein Mann
von 57 Jahren, galt den neuen sowjetischen Herren des Landes als
gefährliches politisches Element, als Bourgeois. Als Jude war er zu-
sätzlich suspekt. Die Familie Wolfenhaut war nicht religiös, das Ju-
dentum empfand sie vor allem als Zugehörigkeit zu einer kulturellen Gemeinschaft und – natürlich – wurden die Wolfenhauts durch
Diskriminierungen daran erinnert, dass sie Juden waren. Das galt für
die Zeit vor dem Ersten Weltkrieg im Prinzip wie für die rumänische Herrschaft, und die Sowjets praktizierten ihren Argwohn gegen die Juden ohne besondere Begründung.

Nathan Wolfenhaut wurde als »Konterrevolutionär« zur Deportation nach Sibirien bestimmt. Der Verhaftung am 31. Juli 1940 war
das Schnellverfahren mit dem Urteil sieben Jahre Haft in einem La-

ger im Gebiet Karaganda in Sibirien gefolgt. Der Sohn konnte ihm noch eine Wollmütze und einen alten Pelz ins Gefängnis bringen. Ein Jahr später ging Nathan Wolfenhaut zugrunde. Die Familie hat später das Todesdatum 27. Dezember 1941 und die angebliche Todesursache »Herzinsuffizienz« mitgeteilt bekommen, aber nie etwas Genaueres erfahren.

Am 13. Juni 1941 wurden im Zug einer Massendeportation aus Czernowitz auch Pepi Wolfenhaut, 60 Jahre alt, Hausfrau und von zarter Konstitution, und ihr Sohn Julius, 28 Jahre alt, nach Sibirien transportiert. Die Verbannung führte nicht in ein Lager, die Deportierten wurden in der sibirischen Taiga in einem elenden Dorf namens Stalinka am Wassjugan, einem Nebenfluss des Ob, mehr oder minder sich selbst überlassen. Julius musste im Kolchos arbeiten, und er versuchte, für sich und die Mutter über die kargen Rationen hinaus Essbares zu ergattern. Am 6. Oktober 1942 starb die Mutter am Hunger, die Behörden nannten es »Altersschwäche«.

Julius wurde im Rayon-Zentrum Nowo-Wassjugan in einem Tischlereibetrieb Normen-Sachbearbeiter, zwei Jahre später schickte man ihn in die Gebietshauptstadt Tomsk in eine Sträflingskolonie für minderjährige Kriminelle als Lehrer für Physik und Mathematik. 1947, als die sowjetischen Behörden verfügten, die Deportierten müssten an den Ort ihrer ersten Ansiedlung zurückkehren – in das mit dem Tod der Mutter und anderen schrecklichen Erinnerungen belastete Stalinka am Wassjugan –, gelang es Julius, sein Schicksal ein wenig zu korrigieren. Er erhielt Order, an der Mittelschule in Teguldet im Gebiet Tomsk Mathematik, Physik, Deutsch und Astronomie zu unterrichten. Dort lernte er die junge Lehrerin Augusta Michailowna Ryschkowa, eine russische Verbannte aus dem Krasnojarsker Gebiet, kennen. 1953 heirateten sie, im gleichen Jahr wurde der Sohn Juri geboren, zwei Jahre später kam Alexander zur Welt. 1956 wurde die Zwangsaussiedlung formal aufgehoben, Julius Wolfenhaut musste sich aber schriftlich verpflichten, nicht in die Heimatstadt Czernowitz zurückzukehren und auf die Entschädigung des seinerzeit konfiszierten Vermögens der Familie zu verzichten. Eine Rehabilitierung der unschuldig Deportierten war nicht vorgesehen. 1960 übersiedelt die Familie nach Tomsk. 25 Jahre arbeitete Julius Wolfenhaut dort als Lehrer. 1985, im Alter von 72 Jahren, trat er in den Ruhestand. Augusta, die an der gleichen Schule als Lehrerin und Erzieherin tätig war, zog sich 1973 55-jährig aus dem Berufsleben zurück. Für sowjetische Verhältnisse wären die Jahre in Tomsk angenehm gewesen. Das Einkommen war gesichert, die Familie besaß ein Haus (mit dessen Erlös später die Flugtickets nach Deutschland bezahlt wurden). Das Trauma der Verbannung, die anhaltende Diskriminierung als Jude, der erzwungene Aufenthalt in Sibirien – das den Eltern im Gegensatz zu den Söhnen nie Heimat war – die existenzielle Kränkung durch die Willkür des Sowjetsystems ließen Julius und Augusta Wolfenhaut das Fremdsein nie überwinden.

1993, im Alter von 80 Jahren, ist Julius Wolfenhaut in aller Form rehabilitiert worden. Das war mit der Lossprechung 1956 noch nicht verbunden gewesen. Auch Entschädigung für die beschlagnahmten Vermögenswerte in Czernowitz wurde geleistet. Sie belief sich umgerechnet auf DM 57,–. Die untergehende Sowjetunion hat auch Nathan Wolfenhaut, den Vater von Julius, der im Straflager unschuldig ums Leben kam, rehabilitiert. Das erfuhr der Sohn im Jahre 1990. Dem heute 92-jährigen kommen die Tränen, wenn er davon spricht.

Der Jude Wolfenhaut hat vom Holocaust erst nach dem Zweiten Weltkrieg erfahren. Andeutungen über das jüdische Schicksal fand er in Briefen aus Czernowitz und von Verwandten, die nach Kanada ausgewandert waren. Vom Völkermord, dem auch Mitglieder der Familie Wolfenhaut zum Opfer fielen, hörte der nach Sibirien Verbannte erst spät. Dass auch er wie seine Eltern indirekt Opfer des Holocaust sind, gehört zur komplizierten Realität seiner Verfolgung. Oberflächlich betrachtet könnte das Schicksal des Julius Wolfenhaut ja auch als Rettung verstanden werden. Er empfindet es anders, als Zerstörung eines Lebensentwurfs, als Vernichtung einer Familie, als lebenslanges Trauma.

Julius Wolfenhaut schreibt und spricht ein makelloses bilderreiches Deutsch. Die deutsche Sprache war ihm in der Verbannung Heimat, deutsche Literatur begleitete ihn auf allen Wegen. Sie war in Ausgaben des Moskauer Verlags für fremdsprachige Literatur, vor allem aber in Editionen aus der DDR auch im fernen Sibirien erhältlich.

Bücher waren unglaublich billig in der Sowjetunion. Das galt auch für Titel in deutscher Sprache. Neben den Klassiker-Ausgaben rühmt Wolfenhaut eine wunderbare deutsche Grammatik und die DDR-Zeitschrift »Sprachpflege«, die man für 10 Kopeken in Tomsk kaufen konnte. Alle seine Bücher musste Julius Wolfenhaut in Sibirien zurücklassen. Nur eines hat er mitgenommen, das »Wörterbuch der Sprachschwierigkeiten«. Es liegt in Regensburg griffbereit.

Auf dem Gymnasium in Czernowitz hatten Französisch, Latein und Griechisch, auch ein wenig Italienisch zum Lehrstoff gehört. Rumänisch war die wichtigste Sprache, im Unterricht wie im Alltag. Rumänisch war für den jungen Julius Wolfenhaut die zweite Muttersprache geworden. Er hat sie heute, im Gegensatz zu Französisch, vollkommen vergessen. Als Folge des psychischen Widerstands, wie er glaubt. Dagegen ist ihm Russisch zur wirklichen zweiten Muttersprache geworden, mit seiner Frau Augusta spricht er heute vor allem Russisch, denn sie tut sich im Alter schwer mit dem Deutschen. Gleich nach der sowjetischen Besetzung von Czernowitz hatte Julius bei einem Russisch-Lehrer Privatstunden genommen, der ihm einige Grundbegriffe beibrachte. Richtig erlernt hat er die Sprache aber erst während der Deportation, er nennt es sarkastisch die beste Art des Unterrichts: »Ich wurde einfach in das Milieu verfrachtet, wo es hieß, sprechen oder krepieren.«

Sprache ist für Julius Wolfenhaut Profession geworden. Der Kenner der russischen Literatur beobachtet den Sprachverfall unter sowjetischer Herrschaft mit kritischen Anmerkungen. Viktor Klemperer, der die Sprache des Dritten Reiches, die *Lingua Tertii Imperii* (*LTI*) analysiert hat, ist ihm Vorbild. Klemperers Buch LTI kennt er dank einer vorzüglichen Buchhandlung in Tomsk, bei der er auch die Klassiker-Ausgaben des Weimarer Aufbau-Verlags bezieht, Goethe, Schiller, Heine, und mit Klemperer misst er die Verödung der russischen Sprache durch das Wirken der Parteibürokratie: »Die LTI (Sprache des Dritten Reiches) ist bettelarm. Ihre Armut ist eine grundsätzliche; es ist, als habe sie ein Armutsgelübde abgelegt«, konstatiert Viktor Klemperer. »Wie viel zutreffender wäre dieses Urteil, wenn es sich auf die sowjetrussische Sprache beziehen würde!«, schreibt Wolfenhaut in seinem unveröffentlichten Text »Streiflichter aus dem Roten Reich«. Er gibt dort auch Proben seiner Beobachtungen: »Der Dogmatismus und der Formalismus, die das öffentliche Leben prägten, griffen auch auf die Wissenschaft und die Sprache über. Lenins Schlagwort ›Kommunismus – das ist Sowjetmacht plus Elektrifizierung des ganzen Landes‹ wurde in den Rang einer wissenschaftlichen Definition erhoben, und wehe dem Prüfling, der diese Sentenz nicht wortgetreu hersagen konnte. Parteifunktionäre, die durch ständiges Büffeln der geisttötenden Stalinschen ›Werke‹ sowie der Literatur des Marxismus-Leninismus alles Sprachgefühl eingebüßt hatten und nur noch in Schablonen zu denken imstande waren, führten eine, mit Klischees durchsetzte ›Neusprache‹ (nach G. Orwell) ein: ›Arbeit‹ wurde fast immer mit ›heldenmütige‹ gekoppelt; wenn die ›Partei‹ erwähnt wurde, dann stets die ›teuere‹; wenn man über die Zukunft faselte, dann über die ›helle‹; eine ›Rede‹ war ›flammend‹ oder ›aufgeregt‹; wenn ›Maßnahmen‹ ergriffen wurden, dann waren es ›entsprechende‹... Offenbar traf Hebbels Wort ›In der Sprache, die man am schlechtesten spricht, kann man am wenigsten lügen‹ auf das sowjetische Bonzentum nur bedingt zu.«

Dem ideologischen Schwulst der Sowjetsprache gilt, wie dem ganzen System, die Verachtung Wolfenhauts. Er markiert aber auch alltäglichen Verlust von Sprachtechnik in Grammatik und Semantik: »Von der Verarmung der Sprache zeugt eine auffällige Erscheinung: Im gesellschaftlichen Verkehr wird die indirekte Rede immer mehr verdrängt; Äußerungen dritter Personen werden in direkter Rede wiedergegeben. Die Anzahl der Flickwörter, die in die Rede eingeflochten werden, wächst beständig; sie werden oft an unpassendster Stelle eingesetzt. In einer dreiminütigen Rede, die eine Lehrerin im Pädagogischen Rat hielt, konnte unser junger, auf Statistik bedachter Mathematiklehrer 24-mal das Wörtchen ›wot!‹ (›so!‹) registrieren. Dass Fremdwörter Glücksache sind, bestätigte uns die Zeitung ›Sowjetskaja Rossia‹: Sie berichtete von einem ›Gedenk-Memorial‹ (›Memorial pamjati‹)... In Massenmedien und in öffentlichen Reden werden ›potentielle Möglichkeiten‹ erörtert. Mit einer optimalen Lösung der leider zahlreichen Probleme gibt man sich schon nicht zufrieden, man sucht nach der ›optimalsten‹. Die Deklination der Numeralien macht selbst den Rundfunkansagern Schwierigkeiten. Nicht selten hört man sogar von führenden Staatsmännern falschen Wortakzent.

Der aggressive Geist, der für die bolschewistische Ideologie bezeichnend ist, hat auch auf die Sprache eingewirkt. Verhüllte und unverhüllte militante Wendungen aus öffentlichen Reden, Parteibeschlüssen, Aufrufen und Losungen sind von der Publizistik und zum Teil von der schönen Literatur teils bewusst, teils unbewusst übernommen worden und von dort in die Umgangssprache eingedrungen: Es gilt, die ›Schlacht um die Ernte‹ zu gewinnen, wofür ›alle Ressourcen mobilisiert‹ und die ›Kämpfer der studentischen Baubrigaden‹ herangezogen werden; von diesen erwartet man ›Arbeitsheldentaten‹. Die Partei verlangt von ihren Mitgliedern, ›kriegerischen‹ Atheismus zu propagieren. Von der ›Kulturfront‹ (!) werden eindrucksvolle Siege über ›kulturfeindliche‹ Elemente gemeldet. An der ›ideologischen Front‹ werden die ›heimtückischen Manöver der Klassenfeinde‹ schonungslos entlarvt. Überall wird ›gekämpft‹: Das Lehrerkollektiv ›kämpft‹ um ein höheres Leistungsprozent, der Kolchos um einen größeren Ernteertrag, die Ärztegewerkschaft für eine Senkung der Sterblichkeitsziffer, das Bestattungsinstitut für die Erfüllung des Planes ...«

Schließlich gibt Wolfenhaut ein eindrucksvolles Beispiel für den Sprachgebrauch in der hierarchischen Gesellschaft der Sowjetunion, die sich als klassenlos verstehen wollte: »Es ist sprachlich aufschlussreich, dem Gebrauch des Personalpronomens ›du‹ im heutigen Russisch nachzugehen. Es sind hier drei Verwendungsmöglichkeiten zu unterscheiden: 1. die übliche Verwendung als vertraute Anrede an Familienmitglieder, Freunde, Kinder; 2. als Anrede, die den Standesunterschied deutlich macht und – von wenigen Ausnahmen abgesehen – eine brüske Demütigung bezweckt. Das habe ich in meinem Status als Verbannter in Wassjugan und in Dserschinski zu spüren bekommen. 3. Die dritte Verwendung ist eigenartig. Sie zeugt von einer wohlwollend-herablassenden Einstellung, die der Vorgesetzte seinem Untergebenen bezeigt, und soll eine Verwischung des Standesunterschiedes andeuten. Der Untergebene wird sich aber hüten, dem leutseligen ›du‹ seines Vorgesetzten gleichfalls mit ›du‹ zu begegnen; er wird unterwürfig die Höflichkeitsform ›Sie‹ gebrauchen. Dazu ein Beispiel (der Erste Parteisekretär empfängt einen Besucher): ›Also, Stepanytsch, wir haben beschlossen, dich als Direktor der Schuhfabrik einzusetzen.‹ – ›Waleri Petrowitsch, seien Sie versichert, dass ich das Vertrauen, das Sie in mich setzen…‹ – ›Schon gut. Sieh nur zu, dass du den Plan erfüllst, sonst klopfen wir dir auf die Finger.‹ – ›Sie werden zufrieden sein, Waleri Petrowitsch…‹«

Wolfenhaut ist nicht nur Lehrer aus Berufung, sondern auch Vermittler deutscher Kultur. Seit 1960 an einer Schule mit erweitertem Deutschunterricht tätig, bald auch als Lektor für Deutsch an der Universität Tomsk, hatte er ein Wirkungsfeld gefunden, das ihm auf den Leib geschrieben war. Er war Mitglied des Fremdsprachenclubs und hielt dort Vorträge über deutsche Literatur und Musik, und an der Schule leitete er einen »Zirkel für Musik und deutsche Literatur«, der in Rezitationsabenden mit Heine und Brecht, in Aufführungen von Goethes *Faust* und Schillers *Kabale und Liebe*, mit Szenen aus *Emilia Galotti* oder den *Räubern* Öffentlichkeit fand. Anrührende Zeugnisse der Verehrung des kulturellen Erbes im Exil waren die festlichen Veranstaltungen zum 150. Todestag Beethovens und zu Ehren von Wolfgang Amadeus Mozart, die Julius Wolfenhaut in Tomsk organisierte.

Sicher haben Gaben wie Humor und Ironie neben seiner hohen Intelligenz zum Überleben wesentlich beigetragen. Die Verletzungen durch die Demütigungen der Deportation, der Schmerz über den Tod der Eltern ist dadurch nicht gelindert. Überhaupt ist der Haushalt der Emotionen, konstelliert durch eine zutiefst humane Einstellung nach mehr als einem halben Jahrhundert diskriminierender Erfahrung als unschuldig Verbannter und Diskriminierter schwer in der Balance zu halten. So zeigt Wolfenhaut auf die Frage, ob er in der neuen Heimat Regensburg als Fremder auffalle und auch unangenehme Erfahrungen machen muss, nur Begeisterung: »Fremde Leute haben mich gegrüßt, im Bus haben junge Frauen mir den Platz angeboten, das war für mich nach meinen Erfahrungen in der Sowjetunion völlig unmöglich und unverständlich. So ein freundliches Entgegenkommen, das hatte ich nie erlebt. Ich könnte jetzt eigentlich Tränen vergießen. An Grobheiten und Rüpeleien bin ich gewöhnt, gute Worte lassen mir Tränen in die Augen treten.«

Scharfe Beobachtung, Antennen für das Groteske, Freude am Witz der Situation, bei unbestechlicher Überzeugung vom Sinn des Rechts und der Wahrheit, machten Wolfenhaut zum Chronisten des Alltags der Verbannung. Über das eigene Schicksal hinaus zeichnet er gestochene Vignetten, die seltsame Realitäten verständlich werden lassen. Vielleicht gehört auch Michail Sostschenko zu den literarischen Vorbildern Wolfenhauts. Die folgende Szene (aus seinem Text »Streiflichter aus dem Roten Reich«) zeigt das literarische Format des Chronisten: »Die letzten 34 Jahre (von insgesamt 53) verbrachte ich in Tomsk. Die wirtschaftliche Lage im Lande spitzte sich immer mehr zu; sogar die notwendigsten Gebrauchsartikel, wie Seife, Streichhölzer, Zahnbürsten, Rasierklingen u. a. m., verschwanden von Zeit zu Zeit urplötzlich aus dem Handel, um nach Monaten sporadisch wieder aufzutauchen. Natürlich wurde gehamstert, auf dem Schwarzmarkt Preiswucher getrieben. Das Thema »Defizit« (im Russischen umgangssprachlich für Mangelware) war in aller Munde, und ein Gespräch, das ich im Gedächtnis behalten habe, zeigt, mit was für Raffinesse ein Engpass mitunter gemeistert wurde. ›Zwar sind Glühlampen billig: 30 bis 40 Kopeken das Stück, aber was nützt das schon, wenn ich seit einem Jahr nirgendwo eine Birne kaufen kann! Bald werde ich mich wohl auf Kerzenbeleuchtung umstellen müssen‹, klage ich einem Bekannten meine Not. – ›Ja, Glühlampen sind jetzt überall Defizit, sogar in Moskau‹, sagt er und schüttelt teilnahmsvoll den Kopf. ›Aber in Moskau‹, fährt er fort, ›werden auf dem Schwarzmarkt durchgebrannte Birnen angeboten, ein Rubel das Stück.‹ Ich blicke ihn ungläubig an. ›Und die Leute fallen auf diesen Schwindel herein?‹, frage ich misstrauisch. – ›Wieso Schwindel?‹, entgegnet er. ›Sie kaufen wissentlich diese Birnen...‹ Mein verblüfftes Gesicht belustigte ihn. ›Man sieht, du hast lange auf dem Lande gelebt‹, sagt er nachsichtig und klärt mich auf: ›Das ist doch ganz einfach: du kaufst eine durchgebrannte Lampe. Am nächsten Tag gehst du zur Arbeit; in einem unbewachten Moment schraubst du irgendwo eine gute Birne aus und drehst die durchgebrannte ein. Die gute bringst du nach Hause...‹ Ich war baff.«

Julius Wolfenhauts Urteil über das Land und das System, das 53 Jahre lang sein Leben bestimmte, ist eindeutig, schroff und abschließend: »›Das Alter verklärt oder versteinert‹ heißt es bei Marie von

Ebner-Eschenbach. Mir hat das Alter nach dem Erlittenen in der lebensfeindlichen Taiga noch ein Übriges zuteil werden lassen: außer einem versteinerten Herzen – den grauenvollen Tod meiner Eltern kann ich nicht verwinden – wache Sinne. Sie befähigten mich auch im Elend der Verbannung, gedemütigt und erniedrigt, an jener Missgeburt der Weltgeschichte, dem Bolschewismus, den Niedergang einer Moral zu verfolgen, der als Nebeneffekt der Planwirtschaft zur Negation aller sittlichen Werte führte.«

Am 10. August 1994, 81 Jahre alt, kam Julius Wolfenhaut mit seiner Familie in Deutschland an. Er nennt diesen Tag seinen zweiten Geburtstag. Julius und Augusta Wolfenhaut, ihre Söhne Juri und Alexander, deren Frauen und Kinder, waren »Kontingentflüchtlinge«, d. h. sie machten als Juden von einer Möglichkeit Gebrauch, die die Volkskammer der DDR 1990 eröffnet hatte. Als eine Geste der Wiedergutmachung hatten die Parlamentarier der DDR Juden aus der ehemaligen Sowjetunion eine neue Heimat in Deutschland angeboten. Im Einigungsvertrag übernahm die Bundesrepublik die humanitäre Verpflichtung. Julius Wolfenhaut hatte, sobald er davon hörte, den Antrag auf Ausreise nach Deutschland gestellt.

Die erste Station in Deutschland war ein Lager für Spätaussiedler in Bernburg in Sachsen-Anhalt, wenige Tage später wurde die Familie in eine Auffangstelle für jüdische Einwanderer in Dessau-Kochstedt gebracht. Ein Zimmer stand Julius und Augusta Wolfenhaut, je eines den Familien der beiden Söhne zur Verfügung. Sie haben das Wohnheim in guter Erinnerung. Im Auftrag des Vereins »Unter einem Dach« gab Julius Wolfenhaut drei Monate lang Deutschunterricht für jüdische Einwanderer. Das Honorar betrug DM 120,– monatlich und war für das Selbstbewusstsein des alten Herrn sehr wichtig. Im November 1994 übersiedelten die Söhne mit ihren Familien nach Regensburg. Sie sind Computerspezialisten, haben an der Universität in Tomsk studiert, sie sprachen auch in Sibirien schon sehr gut deutsch. In Regensburg haben sie sich angesiedelt, weil ihnen die bürgerliche Atmosphäre gefiel, weil die Stadt nicht zu groß ist, weil sie Arbeit als Programmierer gefunden haben. Die Eltern folgten den Söhnen nach Regensburg. Es gab zuvor keine Beziehungen dorthin.

Julius Wolfenhaut ist Mitglied der Jüdischen Gemeinde Regensburg, ohne fromm im Sinne der Einhaltung religiöser Vorschriften zu sein. Seit 1995 erhält er eine kleine Rente, auf die deutsche Staatsbürgerschaft hat er warten müssen, weil sein Geburtstag im russischen Pass falsch eingetragen war. Das zu berichtigen dauerte zwei Jahre, und es trug nicht dazu bei, das harsche Urteil über die russische Bürokratie zu mildern. In Regensburg ist er vollkommen glücklich, hier hat er mit Augusta im Jahre 2003 Goldene Hochzeit gefeiert, sie werden von der Fürsorge und Zuneigung der Kinder und Enkel getragen. Mit Worten könne er seine Gefühle gar nicht beschreiben, sagt er: »Dass ich nach 53 Jahren als Deportierter, als erniedrigter Zwangsarbeiter aus Russland in die Freiheit nach Deutschland kam, jeden Abend und jeden Morgen danke ich Gott dafür, dass er uns herausgeführt hat aus dem schrecklichen, furchtbaren, entsetzlichen Land in die Freiheit nach Deutschland: ›Hier bin ich Mensch, hier darf ich's sein.‹«

Julius Wolfenhaut hat das Manuskript seiner Erinnerungen in den Jahren 1990–1991 in Tomsk geschrieben. Es existiert in fünf handschriftlichen Exemplaren. Die größte Sorge bei der Ausreise aus Russland war, das Manuskript könnte konfisziert werden, daher die Sicherheitskopien. Der Autor hatte Glück. Wolfenhauts waren die letzten in der Schlange zum Flugzeug und die Beamtin hat nur auf Wertsachen, die ausgeführt wurden, geachtet, nicht auf den schlichten Beutel mit dem Manuskript. So sind drei der fünf Exemplare nach Deutschland gekommen. Dort hat der Verfasser, immer um die absolute Wahrheit auch im letzten Detail bemüht, es ergänzt und in die Form gebracht, in der es veröffentlicht werden sollte.
Das schriftstellerische Talent des Autors war in der Sowjetunion brachgelegen, sieht man von dem 1976 verfassten Lehrbuch über Astronomie ab, das er in seinen Erinnerungen erwähnt. Einige humoristische Artikel hat er irgendwann für eine deutschsprachige Zeitung in Moskau geschrieben, aber die Belegexemplare existieren nicht mehr, es schien auch nicht ratsam, sie in den 20 kg Auswanderungsgepäck mitzuführen.
Unter dem Titel »Die schwarzen Wasser des Wassjugan« erscheinen die Erinnerungen erstmals in 58 Folgen der Mittelbayerischen

Zeitung Regensburg, vom 12. April 1996 bis 23. Juni 1996. Im folgenden Jahr, ebenfalls in Regensburg im Verlag der Zeitung, wird der Text auch als Buch publiziert. Der Autor sah seine Intentionen dabei nicht ganz erfüllt, da z. B. die Anmerkungen der volkstümlicheren Wirkung zuliebe geopfert worden waren. Seine Ambition besteht aber gerade in den Belegen, im Nachweis von Literatur, die er zusammengetragen hat, um alles, was er beschreibt, hieb- und stichfest zu machen. So hat er, ohne den Grundtext zu verändern, unablässig weitergearbeitet, den eigenen Text reflektiert und durch Anmerkungen, Hinweise auf spätere Lektüre, ergänzt. Die vorliegende Ausgabe enthält sämtliche Anmerkungen und Literaturverweise aus der Hand des Autors. Geändert wurde lediglich die Anordnung der biographischen Informationen zu einzelnen Personen der Handlung. Wolfenhaut hat die Hinweise über Jugendfreunde und Schicksalsgenossen, die er im Laufe der Zeit (bis Juni 2004) gesammelt hat, ursprünglich als Nachtrag dem Manuskript angefügt und dort nach der Reihenfolge des Auftretens im Text geordnet. Zur besseren Lesbarkeit sind diese Informationen als Fußnoten im Text platziert worden.

Julius Wolfenhaut hat in den Jahren 2001/2002 einen weiteren Text verfasst, dem er den Titel »Streiflichter aus dem Roten Reich« gab und der in einer Neuausgabe seiner Erinnerungen als zweiter Teil erscheinen sollte. Obwohl auch die »Streiflichter« autobiographische Sequenzen enthalten, gehören sie doch in ein anderes Genre, das der Sachliteratur, die Zustände und Alltagserfahrungen in der Sowjetunion – gestützt auf russische Quellen wie Zeitungsartikel – beklagt. Auch aus diesem Grund erscheint dieser Text hier nicht im Druck. Einige charakteristische Passagen sind bereits zitiert worden.

Der Epilog mag als Zusammenfassung der Eindrücke und des Urteils des Verfassers über Stalins Schreckensregime und das System kommunistischer Herrschaft gelesen werden. Als Opfer dieses Regimes hat Julius Wolfenhaut das Recht zur eindeutigen Bewertung. Seinem dringenden Wunsch, »den emotionalisierenden Epilog nicht zu streichen«, ist deshalb gerne entsprochen worden.

Wolfgang Benz, im August 2004

Prolog

Die Erinnerung ist das einzige Paradies,
woraus wir nicht vertrieben werden können.
Jean Paul

Ich bin 78. Müde und verstimmt... Im Nordwesten versinkt die fremde Sonne und färbt den dunkelnden Himmel brandrot. Es werde Wind geben, meinen dazu die Einheimischen... 33 Grad im Schatten! Hätte ich je geahnt, dass es in Sibirien, das sich – damals! – für mich nur mit Schnee und Eis assoziierte, so unerträglich heiß sein könne? Sogar die Innenwände unseres kleinen Blockhauses fühlen sich warm an. Wieder steht mir eine schlaflose Nacht bevor... Der rötliche Widerschein erfüllt die Stube mit fantastischem Glanz und vergoldet das dürftige Mobiliar. Seltsame Schatten zittern auf der aufglühenden kahlen Wand. Für eine Weile bin ich der Gegenwart entrückt. Verwischte Bilder froher und trüber Tage ziehen wahllos vorüber, stumme Gestalten nicken mir heiter, manchmal nachdenklich und vorwurfsvoll zu... Mein Vater... Den ruhigen, ernsten Blick seiner grauen Augen fürchtete ich mehr als Mutters Schelte. Ich empfand ein wenig Scheu vor diesem besonnenen, aufrechten Mann, der seine Liebe zu mir nur selten, sehr selten, durch einen flüchtigen Hauch in den Nacken – es sollte einen Kuss bedeuten – zu erkennen gab.

Es existierte einmal eine Stadt, die hieß Czernowitz... Anfang der zwanziger Jahre wohnten wir dort in der Metzgergasse, einer ungepflasterten, wenig befahrenen Seitenstraße. Vom Fenster im zweiten Stock konnte ich den großen verwilderten Obstgarten, der sich bis in die Franzosgasse zog, überblicken, und wenn wir – Vater, Mutter und ich – sommers auf dem Balkon unser Nachtmahl verzehrten, flatterten, vom Licht angelockt, Fledermäuse um uns herum – Mutter fürchtete sie –, und vom dunklen Garten her hörten wir die

Laubfrösche quaken. Oh, wie die Mädels kreischten, wenn wir Jungens, einen Frosch in der Hand, ihnen nachliefen! Wir – das waren der Hausmeistersohn Johannziu Popowicz, ich und, in einigem Abstand aber, Salo Oberweger, der eine Treppe tiefer wohnte. Johannziu und ich hatten ein »Geheimnis« – eine im Garten ausgehobene, gut getarnte kleine Höhle, in der wir Kiesel, Schrauben, Blechbüchsen und dergleichen Kram aufbewahrten, und wie sehr sich Salo auch bemühte dahinter zu kommen, es blieb ihm versagt.

Pan Bohusiewicz, unser Hausherr, war früher Großgrundbesitzer gewesen und gehörte dem polnischen Adel, der Schlachta, an. Als die Jahre ihn zu drücken begannen, machte er seine Güter zu Geld und ließ davon zwei große Mietshäuser, nebenan für sich eine einstöckige Villa bauen. Wir Lausbuben fürchteten den behäbigen, schwerfälligen Mann mit strengen Zügen und rauer Stimme, der uns zuweilen dabei überraschte, wenn wir, rittlings auf dem Treppengeländer sitzend, wie ein geölter Blitz hinuntersausten. Aber schließlich war das ja nur ein vorübergehender Ärger. Schlimmer gestalteten sich unsere Beziehungen zu Frau Wojtanowicz, die im Erdgeschoss wohnte und daher an unserem Treiben im Hof ungewollt teilnahm. Leider ging ihr jedes Verständnis für Sport ab, und als einmal der Ball durchs offene Fenster in ihre Speisekammer flog, wollte sie durchaus nicht einsehen, dass unser Torhüter damit doch meisterhaft ein sicheres Goal zu einem Eckstoß abwehren konnte. Erschwerend kam noch hinzu, dass ihr Söhnchen Ljubziu (Koseform von »Ljubomir«) und der gleichaltrige Richard Zettel, der mit mir Tür an Tür im zweiten Stock wohnte, sich von Zeit zu Zeit erdreisteten, gegen uns ältere Jungen aufzubegehren, wofür beide schließlich eine gehörige Tracht Prügel einstecken mussten. Auf Ljubzius Gebrüll wurde damals von der Gegenseite schweres Geschütz aufgefahren: In der Türöffnung zeigte sich Herr Wojtanowicz, seines Zeichens Lehrer an einer ruthenischen Schule, und fuchtelte bedrohlich mit einem knotigen Stock. In dieser brenzligen Situation entschieden wir uns für die »Vorsicht als das bessere Teil der Tapferkeit« und nahmen Reißaus in den Obstgarten, von wo aus wir, im hohen Gras gut gedeckt, belustigt der ergebnislosen feindlichen Suchaktion zusahen.

Gleichfalls im Erdgeschoss wohnte der deutsche Gymnasialprofessor Hudeczek, dessen Tochter Hertha zur ersten Schönheitskönigin von Czernowitz gewählt wurde. Da waren wir aber mächtig stolz! Im Vergleich zu den Wojtanowicz' befand sich der Professor insofern in strategisch günstigerer Lage, als vor seinen Fenstern der schmale Hof geschottert und demnach zum Fußballspielen nicht geeignet war.

Der ethnischen Zugehörigkeit nach entsprach die Zusammensetzung der Bewohner beider Mietshäuser der ungefähren Verteilung der Czernowitzer Bevölkerung um 1918 (nach abnehmender Zahl): Juden, Ruthenen, Deutsche, Polen; geringere Quoten entfielen auf Rumänen, Ungarn, Tschechen. Die auf kulturelles Eigenleben bedachten größeren ethnischen Gruppen hatten eigene Schulen, gaben Zeitungen heraus und verfügten über Volkshäuser. Das Jüdische Haus, ein stattliches Gebäude, dessen Fassade vier Halbsäulen zierten, stand am Theaterplatz; das Deutsche Haus, ein hellgrauer, an noble Patrizierhäuser angrenzender repräsentativer Bau, mit Erkern, spitzen Bögen und Türmchen versehen, die den gotischen Stil andeuteten, befand sich in der vornehmen Herrengasse; schräg gegenüber stand das breitere, aber niedrige Polnische Haus »Dom Polski«. Gleichfalls zentral gelegen war das Ruthenische Haus »Narodny Dym«, es stand in der Petrowiczgasse unweit der armenischen Kirche.

Der Hang zu kultureller Eigenständigkeit erfasste auch das Sportwesen – es gab in Czernowitz vier Fußballklubs: einen jüdischen, der hieß »Makkabi«, sein Dress war selbstverständlich blauweiß; einen deutschen, »Jahn« genannt nach dem Turnvater, der Dress – ganz richtig! – schwarzweiß; einen ruthenischen, der hieß »Dowbusch«[1], der Dress war natürlich blaugelb, und schließlich die »Polonia« in ihrem traditionellen rotweißen Dress. Später gesellte sich noch ein rumänischer Klub hinzu. Seinen Namen zu wählen machte keine Mühe: Er wurde »Dragoş Voda« genannt, nach dem Begründer des Moldauer Staates im 14. Jahrhundert. Schwieriger verhielt es sich mit dem Dress; da er einerseits in den Farben der rumänischen Trikolore (Blau-Gelb-Rot) gehalten werden musste, andererseits aber einige Farbenkombinationen schon vergeben waren, einigte man sich schließlich auf Blau-Rot.

Das Makkabi-Stadion lag weitab von der südlichen Endstation der

Straßenbahn, und wenn ein Spiel ausgetragen werden sollte, sah man unsere Fans in Scharen dorthin wandern, unter ihnen eines der Czernowitzer Originale, den »Roten Bubi« (so benannt nach der Haarfarbe) – ein etwas vergütetes Pendant zum »Pepku, hop!« aus »Schwejks Abenteuern«: Für ein paar Lei[2] krähte er einige Male »Hoch Makkabi!« und trollte sich dann fort, um jemand andern anzuschnorren.

Die Rumänen machten sich wegen der Suche nach einem passenden, möglichst nahe und schön gelegenen Fußballfeld nicht viel Kopfschmerzen: Sie ließen einfach den südlichen Teil des herrlichen Volksgartens ausroden – und schon war unseren Blau-Roten geholfen! Es blieb sogar noch etwas übrig. Um dieses Etwas zu durchmessen, bedurfte es allerdings mehr als einer viertel Stunde, denn die Österreicher hatten seinerzeit den Volksgarten in weiser Voraussicht auf einer Fläche von etwa 3000 Ar angelegt. Um gegen die rumänische Verwaltung gerecht zu sein, will ich zugeben, dass sie den Rest des Gartens vorbildlich gepflegt hat. Hohes Lob verdient das Rosarium, das sie auf einem Rondell dort angelegt hatte. Schon von weitem konnte man den wundervollen Duft riechen, und kam man näher, so boten die Sträucher, deren schlanke Stämmchen kugelförmig zugestutzte rosenübersäte Kronen trugen, ein paradiesisches Bild.

Wir waren aus der Metzgergasse ausgezogen und wohnten nun in der ruhigen Theatergasse, die am Stadttheater, einem repräsentativen, vorzüglich eingerichteten Bau, vorüberführte. In einiger Entfernung vom Theater, in Richtung Westen, zeichnete sich bereits der Stadtrand ab. Das Gelände begann nun abzufallen, und wenn man tüchtig ausschritt, so gelangte man nach etwa einer Stunde Weg in ein Tal, wo Rosch lag, eine der Czernowitzer Vorstädte. Gehöfte mit schmucken, geweißten Einfamilienhäusern, geräumige Scheunen und Ställe, ausgedehnte Gemüsebeete und Obstgärten zeugten vom Wohlstand der Besitzer. Diese waren Schwaben[3], die sich im Ausgang des 18. Jahrhunderts und im 19. Jahrhundert hier angesiedelt hatten und nun als treffliche Landwirte die Stadt mit Gemüse, Obst und Milch versorgten. Frühmorgens sah man die Schwäbinnen, die durch ihre Tracht – helle Bluse, langer dunkler Rock – von anderen Bauersfrauen abstachen, ihre Ware zu Markte bringen. Ich

Abb. 1: Meine Mutter Pepi Wolfenhaut (1881–1942) mit mir im
Czernowitzer Volksgarten (Mitte der 30er Jahre)

bewunderte immer die Kunstfertigkeit, mit der sie den schweren Korb, unter den sie ein kleines, rundes Kissen legten, auf dem Kopf trugen und sich mit federnden Schritten, den Korb von Zeit zu Zeit mit der Hand stützend, eilig fortbewegten. »Ich kaufe nur bei einer Schwäbin«, pflegte meine Mutter zu sagen, wenn sie die anderthalb Oka[4] Milch zum Kochen aufsetzte. In gewissem Sinne hatte sich die ursprüngliche Bedeutung des Wortes »Schwäbin« verwischt; man empfand es als Synonym für eine saubere, ehrliche Händlerin.

Die Hütten, die ihr nicht gebaut...
(Frei nach Goethe)

Anfang des 19. Jahrhunderts war Czernowitz noch ein kleines, unbedeutendes Dorf. Unter österreichischer Herrschaft nahm es als Hauptstadt des Kronlandes Bukowina einen raschen wirtschaftlichen Aufschwung und war 1918, als die Bukowina Rumänien angegliedert wurde, bereits eine gut ausgebaute, von deutscher Kultur geprägte reinliche Stadt mit lebhaftem Verkehr und Handel. »... Kaffeehäuser waren Treffpunkte für Journalisten, Künstler und Literaten, wie etwa das ›Kaiser-Café‹ am Elisabethplatz, in dem echtes Pilsner vom Fass ausgeschenkt wurde und 160 (!) Tageszeitungen auflagen.... Die Czernowitzer waren geradezu fanatische Zeitungsleser. Die Lektüre der großen Wiener, Prager und Lemberger Blätter half ihnen, das beklemmende Gefühl der Abgeschlossenheit zu überwinden, das sich in diesem entlegenen Winkel des Habsburgerreiches ... nur zu leicht einstellen konnte.«[5]
In Czernowitz selbst erschienen die »Deutsche Allgemeine Zeitung«, das »Morgenblatt«, die »Czernowitzer Zeitung«, die »Ostjüdische Zeitung« und die »Deutsche Tagespost«.
Die Rumänen begannen ihre Verwaltung mit einer Umbenennung aller Straßen, Gassen und Plätze. Die meist schlichten österreichischen Bezeichnungen wurden durch tönende Namen ersetzt. Aus der bescheidenen Metzgergasse wurde eine »Strada Mihai Cogălniceanu«[6], aus der Theatergasse eine »Strada Ion Grămada«, aus der städtischen Promenade, der Herrengasse, eine »Strada Iancu Flondor«, aus der Hauptstraße (dort befand sich das Geschäft meines Va-

ters) eine »Strada Regele Ferdinand«[7], aus dem im Zentrum der Stadt gelegenen Ringplatz eine »Piața Unirii« (»Platz der Vereinigung«). In der erzbischöflichen Residenz, einem imposanten Backsteinbau im maurisch-byzantinischen Stil, hatte jetzt der Metropolit seinen Sitz.

Diese und andere Veränderungen, die unter der neuen Verwaltung vor sich gingen, wurden von uns, die wir damals Kinder waren, gleichgültig hingenommen: Sie lagen entweder außerhalb unseres Gesichtskreises oder wir wurden uns über ihre Tragweite nicht klar. Unsere Reaktion auf die Neuordnung wurde von mehr Fassbarem und Gegenständlichem bestimmt – dem Essen: Sie ging wie die Liebe des Soldaten durch den Magen und war durchaus positiv. Denn die rumänische Küche, die viele Finessen von der orientalischen Kochkunst übernommen hatte, brachte in unser ziemlich einseitig auf Fleischkost (die Kinder meist nicht mögen) eingestelltes Menü eine wohl tuende Abwechslung. Die schmackhaften, aus allerlei Gemüse zubereiteten neuen Gerichte, darunter aus Auberginen (in Czernowitz »Patlaschellen« genannt), waren für uns wahre Leckerbissen. Aber die Süßigkeiten! Der Gedanke an »rahat cu apă rece« (eine Art Geleebonbons) lässt mir noch heute das Wasser im Mund zusammenlaufen.

Allein wie sich bald zeigte, brachte die rumänische Verwaltung außer den kulinarischen noch andere Novitäten ins Land: Eine umfassende Rumänisierung – die Beamtenstellen in öffentlichen Ämtern wurden nach und nach mit zugewanderten Rumänen besetzt – und, als Folgeerscheinung, eine immer weiter um sich greifende Korruption.[8] Unser Sprachschatz wurde bereichert um das Wort »Bakschisch« (»Schmiergeld«), das gleich der Zauberformel »Sesam, öffne dich!« Tür und Tor in den Ämtern aufschloss und Gaunern und Betrügern ermöglichte, durch die Maschen des Gesetzes zu schlüpfen. Aber auch ehrliche Menschen mussten oft, um die ihnen gesetzlich zustehenden Rechte geltend machen zu können, diesen Tribut entrichten. Gleichzeitig änderte sich der Status der Czernowitzer Bevölkerung, deren Großteil nun zu einer nationalen Minderheit herabsank. Die Folgen sollten nicht ausbleiben. Lange bevor ich auf das Fremdwort »Chauvinismus« stieß, erschlossen mir die rumänischen Behörden den Inhalt dieses Begriffs in vollem Umfang.

In den Geschäften wurden Anschläge ausgehängt »Vorbiţi numai româneşte!« (»Sprecht nur rumänisch!«). »Als das Schillerdenkmal auf Veranlassung der neuen Obrigkeit seinen angestammten Platz räumen musste und auf einem Karren zum neuen Standort, dem Hof des Deutschen Hauses gefahren wurde, folgte diesem Abtransport eine barhäuptige Menschenmenge«[9] wie in einem Trauerzug.

In den Schulen durfte man kein deutsches Wort fallen lassen, auch in der Pause! Die Übertretung des Verbots wurde mit drei Tagen Schulausschluss geahndet. Petzer unter den Schülern waren allerdings selten. Ich erinnere mich an einen gewissen Rippel, einen verschlossenen, untersetzten Jungen mit breitem, ausdruckslosem blassem Gesicht und wässrigen Augen. Er hatte mit niemandem Umgang, war mittelmäßig in allen Fächern, und wir waren nicht wenig überrascht, als gerade er zum Aufpasser ernannt wurde. Doch die Schulleitung dürfte auf den richtigen Knopf gedrückt haben, denn in den Tiefen seines Ich schlummerte, wohl bedingt durch einen Minderwertigkeitskomplex, der Trieb zur Denunziation. Nun durfte er sich über uns erheben. Er reckte sich, seine Augen wurden kalt und hart, und wir fürchteten ihn. »Ich werde dich aufschreiben«, sagte er gleichmütig, natürlich auf Rumänisch. Nach einiger Zeit – die Gründe hierfür wurden uns nicht bekannt – wurde er abgesetzt; er schrumpfte wieder zusammen und verlor sich im Ungewissen.

Die politische und wirtschaftliche Lage im Land wurde von den zwei größten Parteien, der Liberalen und der National-Zaranistischen[10] bestimmt, die alternierend die Regierung bildeten. War eine dieser Parteien zur Macht gelangt, so setzte sie sogleich ihre Anhänger in einflussreiche Stellungen ein, hob nicht selten Bestimmungen und Verfügungen auf, welche die vorige Regierung erlassen hatte, und verkündete neue (während einer Legislaturperiode wurde in unserer Schule Italienisch als Fremdsprache eingeführt, in der nächsten Periode wieder abgeschafft), um alle diese Privilegien nach den nächsten Wahlen der Gegenpartei abzutreten. Was sie miteinander gemein hatten, das war eine kaum verschleierte chauvinistische Geisteshaltung.

In den Hochschulen wurde der Numerus clausus eingeführt, der vor allem gegen die Juden gerichtet war. Der Antisemitismus, der bis dahin nur latent gegärt hatte, wurde, nicht ohne stillschweigende Billigung der offiziellen Kreise, von der rechtsextremistischen Cuza-Partei[11] zum offenen Bekenntnis erhoben. Die Czernowitzer Cuzisten – es waren größtenteils zugewanderte rumänische Studenten, die sich berufen fühlten, das neu erworbene Gebiet zu kolonisieren – gaben sich »völkisch«: In ihrer Nationaltracht (weiße, ungebügelte Hosen aus Leinen, darüber ein ebensolches Hemd, das bis zum Knie reichte, eine weiße, kunstvoll bestickte, mit Pelz besetzte Lammfellweste; als Kopfbedeckung eine hohe, spitze Pelzmütze) schritten sie trutzig einher – man tat gut daran, ihnen aus dem Weg zu gehen – und warfen finstere Blicke auf jene, die so vermessen waren, hier geboren zu sein, und deren Ahnen nichts Besseres eingefallen war, als sich in dieser Erde begraben zu lassen.

Noch eine Demütigung mussten wir erdulden: Den neuen Machthabern folgte auf dem Fuß der rumänische Plebs, und was er mitbrachte, waren ungeheuerliche Schimpfworte und Flüche. Sie zeugten davon, dass diese Lumpen in der Anatomie und Physiologie der Genitalien gut bewandert waren, und wenn sie ihre Tiraden schneidig erschallen ließen, nahm sich unser biederes Götzzitat dagegen aus wie ein freundlicher Gutenmorgengruß. Allerdings will ich hierzu betonen, dass der sowjetische Plebs, aber inzwischen auch die oberen Zehntausend in der ehemaligen Sowjetunion ihrem rumänischen Partner bei einem Wettkampf in dieser Disziplin glatt hundert Punkte vorgeben könnten (es gehört bereits zum guten Ton, sich dieser »Vox populi« zu bedienen), wobei diese Überlegenheit nicht allein durch die Mannigfaltigkeit der Leistungen bedingt ist, sondern vielmehr durch intensives Training: Sogar in eine gemütliche Unterhaltung werden – meist ohne ersichtlichen Grund, sozusagen als Interjektionen – saftige Kraftausdrücke[12] eingeflochten.

Mitte der zwanziger Jahre verfielen unsere erfinderischen Schulbehörden auf eine famose Idee: Alle Schüler müssten fortan Khakiuniform tragen. Vorgeschrieben waren ein militärisch zugeschnittener hochgeschlossener Rock, lange Hosen und eine khakifarbene Schirmmütze. Zu den wenigen, die diese Verordnung begrüßten, gehörten die Tuchhändler und die Schneider, die jetzt überlaufen waren; wir Schüler nahmen diese Schrulle unserer Mentoren teils gleichgültig, teils mit stillem Vorbehalt auf. Mit der Uniform allein war aber die Sache nicht abgetan; wie sich bald herausstellte, hatten die Schulbehörden noch eine originelle Neuerung in petto: wir sollten inventarisiert werden! Jedem Schüler wurde eine Nummer zugeordnet, die, säuberlich mit Silbergarn auf ein Stückchen rotes Tuch gestickt, von nun an den linken Ärmel des Rocks und des Mantels schmücken sollte. Auf der Mütze mussten, gleichfalls in Silber, die Initialen der Schule (in meinem Fall »LR 2«, Abkürzung für »Liceul real No. 2«[13]) stehen. Diese Maßnahmen sollten – wie man uns wohlwollend klarmachte – dazu verhelfen, Schüler, deren ungebührliches Verhalten in der Öffentlichkeit Ärgernis erregte, zu »ermitteln« und zu »identifizieren«. So liefen wir nun bis nach der Reifeprüfung nummeriert herum, in steter Gefahr, »ermittelt« zu werden. Aber soviel ich weiß, haben unsere Czernowitzer von diesem Ermittlungsverfahren niemals Gebrauch gemacht, was ihnen zur Ehre gereicht.

Übrigens hielt uns das alles nicht ab, hin und wieder »Feiermorgen« zu machen und die Schule zu schwänzen. Am Ringplatz befand sich das Kino »Unirea« (»Vereinigung«), dessen Benennung der Volksmund allerdings durch eine geringfügige Umstellung zweier Konsonanten in »Urinea« verwandelt hatte. In diesem verrufenen Kintopp liefen ausschließlich Abenteuer- und Cowboy-Stummfilme, denn er war auf ein ganz spezielles Publikum eingestellt – auf Halbwüchsige, die für seinen Besuch meistens die Schule schwänzten.

Es geziemt sich, Feste und Feiertage nach alten, überlieferten Bräuchen zu begehen, und auch unser »Unirea« wartete seinen Besuchern, die »Feiermorgen« machten, mit einem originellen Brauch auf: Vor Beginn der Vorstellung stellten sich höchstpersönlich der Kinobesitzer, Herr Ackermann, und die Platzanweiserin am Eingang auf und durchsuchten unsere Taschen und Schulmappen nach Kürbiskernen. Die Einfältigen! Nur selten gelang ihnen ein Fund – die gewitzten Jungen schmuggelten die leckeren Kerne unter der Mütze, im Jackettfutter, in allerlei Geheimfächern ein … Nun gelangte man in einen langen, niedrigen, dumpfen Saal. Solange es hell war, wagte sich niemand an die Kerne: Der muskulöse Arm des Kinobesitzers hätte den Missetäter sogleich an die frische Luft befördert; aber sobald das Licht verlosch, ging allerorts das Knacken los, und die zerbissenen Schalen kreiselten ohne Unterlass wie dürres Herbstlaub zu Boden.

Abb. 2: Czernowitz: Der Ringplatz mit dem Rathaus (erbaut 1843);
im Gebäude rechts befand sich das Kino »Unirea«

Auf der Leinwand erschien der Vorfilm. Wehe, wenn es nicht ein Lustspiel mit Zigotto oder Harold Lloyd war, sondern eine öde Naturaufnahme! Getrampel und schrilles Pfeifen waren die gebührende Antwort auf eine solche Herausforderung. Endlich begann der Hauptfilm. Da war er, unser Held, unser Abgott – Harry Piel, der Beschützer aller Erniedrigten und Schrecken aller Bösewichter! Aber jene dort, der Blatternarbige und der Einäugige, die sich in dem winkligen Gässchen herumdrücken, wollten mir gar nicht gefallen: Die führen etwas im Schilde! Eine hinfällige Greisin fleht Harry um Hilfe an. Er sagt zu und eilt davon ... Sie blickt ihm höhnisch nach. Klar, ich hatte es geahnt: die Alte – ein verkleideter Bandit! Jetzt betritt Harry die verfallene Mühle, wohin ihn diese Schlange gelockt hat. »Harry, pass auf!«, brüllt verzweifelt einer in den hinteren Reihen. Ach, zu spät! Aus dem Hinterhalt fallen sie über ihn her, sechs gegen einen! Harry wehrt sich wie ein Löwe, zweien ist die Puste bereits für immer ausgegangen, aber die Übermacht ist zu groß ... Zu einem reglosen Paket verschnürt, liegt er nun da. Ob sie ihn gleich kaltmachen? Harry, mein Harry! ... Ich blicke verstohlen auf die Uhr: Noch fünfzig Minuten Spielzeit, es darf nicht so bald geschehen ... Aber was haben sie mit ihm vor? Ach, diese Schurken! Sie hängen ihn, verschnürt wie er ist, an ein dickes Seil neben eine große Standuhr, deren Minutenzeiger mit einem scharfen Messer versehen ist. Jetzt geht mir ihr teuflischer Plan auf: Sobald es drei viertel neun schlägt, schneidet das Messer das Seil entzwei, und Harry – o Graus! – stürzt in die Tiefe auf ein Fass; »Pulver« steht darauf geschrieben ... Die Schurken blicken auf zu ihrem Erzfeind: Er soll ihnen büßen! Tausendfältige Todesangst soll er ausstehen, bis er in Atome zerstäubt wird! Sie werfen ihm noch einen hämischen Blick zu und ziehen hohnlachend davon ...

Der Zeiger rückt vor, unaufhaltsam, unerbittlich ... Jetzt nähert er sich der verhängnisvollen Neun ... Harry zerrt verzweifelt an seinen Banden, die Fesseln lockern sich ein wenig, jetzt hat er schon den Daumen und den Zeigefinger frei, aber das Messer dringt bereits ins Seil ... Totenstille im Saal. Sogar das Knacken der Kürbiskerne hat aufgehört. Schon hängen einige Fasern des Seils lose ... Keine Rettung! Ich schließe die Augen. Gott befohlen, mein Ritter ohne Furcht und Tadel! Nimmermehr wirst du auf der Leinwand deine verwegenen Taten vollbringen... Da – ein Freudenschrei braust durch die Reihen! In dem Augenblick, als das Messer die letzten Fasern schnitt, hatte sich unser Harry mit übermenschlicher Kraft losgerissen und mit nerviger Faust das obere Seilende gefasst. Jetzt schwingt er sich empor... Ein Jubel ohnegleichen!

Jene aber prassen und schwelgen in einer verräucherten Spelunke: Sie genießen ihren Triumph! Na, wartet nur, ihr Hunde, jetzt sollt ihr was erleben! Hoppla, da ist er schon über sie hergefallen, unser Harry! Oh, wie er sie erledigt! Da lacht einem das Herz im Leibe! Ein Kinnhaken befördert den Blatternarbigen kopfüber in einen Bottich mit Lauge, nur die Beine sieht man zappeln! Den Einäugigen, der, ein langes Messer zwischen den Zähnen, sich von hinten heranschlich, knallt er – kaum dass er sich umblickte! – über den Haufen. Nun, mit den anderen ist er auch bald fertig.

Aus? (Ich blicke auf die Uhr: noch fünfzehn Minuten.) Nein! Es gilt noch SIE, die liebliche, bezaubernde, die in Banden schmachtet, zu retten. Harry schwingt sich auf seinen edlen Rappen, und gefolgt von Foxl, dem treuen Terrier, jagt er davon. Zwei Wächter werden im Nu umgelegt, und schon sinkt SIE mit seligem Lächeln in Harrys Arme. Ein langer, langer Kuss... (wohlwollendes Schmatzen im Saal). Großaufnahme: Foxl, der treue Terrier, legt betroffen den rassigen Kopf schief. ENDE. Erhitzt, mit geröteten Wangen, verlassen wir den Saal. Vor dem inneren Auge zieht noch einmal das Erlebte vorüber... »Wie er hat ihm gegeben eins in die Zeene, diesem Raiber!«, sagt begeistert ein schmächtiger, sommersprossiger Junge. »Er hat nicht solln glauben dieser Alten, ich hab gleich gewusst, dass sie is von die Banditen«, höre ich eine Stimme hinter mir. Mitunter kommt es zu Streitereien: Wer wohl »stärker« sei, Harry Piel oder Edi Polo – eine Frage, die uns Jungen in zwei Lager spaltete. Ich hatte mich wider mein besseres Wissen für Harry Piel entschieden: Mir imponierte nun einmal die vornehm-lässige Art, wie er die linke Braue hochzog.

Ich bog in die Liliengasse – welch anmutige Benennung – ein (vor zwei Uhr durfte ich mich zu Hause nicht blicken lassen), als mich jemand laut anrief: »Bubziu!« »Bubziu« war mein Rufname in der Kindheit; bereits erwachsen, wurde ich »Wolfi« gerufen. Überrascht wandte ich mich um: Johannziu! Mein Johannziu aus der

Metzgergasse! Johannziu hatte Harrys Abenteuer auch miterlebt und stand noch ganz in ihrem Bann. »Hat er ihn geschmissen in Fass wie a Kätzl!«, sprudelte er heraus. Ich musste lächeln. Die Satzkonstruktion rief mir einen lapidaren Ausspruch unseres Zeichenlehrers, eines Polen, ins Gedächtnis zurück. Pan Kratochwila hatte einigen Jungen aus begüterten Familien, darunter auch mir, nahe gelegt, bei ihm Privatunterricht im Zeichnen zu nehmen: Unsere Leistungen im Zeichnen ließen leider – er wiegte bedenklich den Kopf – viel zu wünschen übrig … Es war genau genommen eine kleine Erpressung, aber ich will es ihm gern nachsehen, denn er war wirklich ein begabter Künstler, und »die Kunst geht nach Brot«. Andere waren schlimmer. Schließlich hat er uns Lümmeln doch etwas beigebracht, und ich staunte jedes Mal nicht wenig, wenn er mit zwei, drei Strichen meiner ungefügen Zeichnung Leben einhauchte … Nun, als wir eines Nachmittags in sein mit Ölbildern behängtes Atelier kamen, fanden wir ihn in düsterer Stimmung. Die Pani (*poln.* Dame) habe ihr Porträt nicht genug geschmeichelt gefunden, klärte er uns auf und fügte, mit scharfem Künstlerblick die hervorstechendste Eigenart jener Frau Neureich festhaltend, in seinem gebrochenen Deutsch verdrossen hinzu: »Hat sie Mund wie Heene [er meinte »Henne«] Arschloch.« Ein origineller Vergleich, es hörte sich so schön an! Wir mussten lachen, und auch Kratochwilas Gesicht hellte sich auf.

Zwanzig Jahre intensiver Rumänisierung vermochten in Czernowitz die deutsche Sprache als Umgangssprache nicht zu verdrängen. Auch die deutschen Benennungen von Straßen, Gebäuden und Einrichtungen hatten sich erhalten: Man promenierte nach wie vor in der »Herrengasse«, ging die »Neue-Welt-Gasse« hinauf bis zur »Siebenbürgenstraße«, kaufte ein auf dem »Mehlplatz«, verhandelte im »Rathaus«, besuchte das Kino im »Alten Stadttheater«, bog in die »Russische Gasse« ein, um sich in Friedmanns Gartenrestaurant an »Erdbeeren mit Schmetten« zu delektieren, und speiste, wenn man es sich leisten konnte, im »Schwarzen Adler« am »Ringplatz«. Angelehnt an das Österreichische – »Kukuruz« für »Mais«, »Ribisel« für »Johannisbeere«, »Stiege« für »Treppe«, »Erdäpfel« für »Kartoffeln«, »Schmetten« für »Sauerrahm«, »Paradeiser« für »Tomate«, »Karfiol« für »Blumenkohl«, »Servus« als jovialer

Gruß, ich »bin« (für »habe«) gesessen, gelegen, gestanden und dergleichen mehr –, zeigte die Czernowitzer Mundart überdies eine große Bereitschaft zur Aufnahme von Fremdwörtern, hauptsächlich aus dem Ruthenischen – »Barsch« für »Rote-Rüben-Suppe«, »Haluschken« für »Kohlrouladen«, »Burlak« für »Rowdy«, »Babe« für »Alte« – und teilweise aus dem Rumänischen – »Mamaliga« für »Maisbrei«, »Karnatzen« für »gewürzte Fleischklöße«. Auf den Einfluss des Jiddischen ist es wohl zurückzuführen, dass zum Beispiel »schön« wie »scheen«, »müde« wie »mide«, »heute« wie »haite«, »er/obern«, »Ver/ein« wie »e/robern«, »Ve/rein« ausgesprochen wurden. Das Verb »spielen« (auf Kinderspiele bezogen) wird reflexiv gebraucht: »Otto spielt sich im Hof.«

Für unsere bodenständige Einwohnerschaft war die deutsche Sprache – als Mundart – bis zum verhängnisvollen vierziger Jahr ein Band, das die verschiedenen Nationalitäten trotz gewisser interethnischer Reibungen einigte. Die Eigenheiten, die das bukowinische Deutsch aufwies, machten es zu einer einmaligen deutschen Sprachinsel. Sie ist versunken wie Atlantis.

Es war, wenn ich mich recht erinnere, im Mai 1940, als Ernstl* mich aufsuchte. »Rosl** lädt dich für den Abend ein, Punkt 7 Uhr«, sagte er und setzte, als er mich unschlüssig sah, hinzu: »Mach keine Faxen! Es kommen…« Er zählte auf. Auf der Treppe drehte er sich noch einmal um und rief mir mit Nachdruck zu: »Es wird ein schöner Abend werden!«

Wir saßen um den langen Tisch herum: Rosl, Jacqui***, Anni****,

---

* *Ernstl* (Ernst Katz) wurde 1944 nach Wiedereroberung der Nordbukowina durch die Rote Armee zum Militärdienst einberufen, kämpfte an der Ostfront, wurde bei Riga verwundet. Nach Kriegsende zog er nach Rumänien; er starb Anfang der siebziger Jahre.

** *Rosl*, seine Schwester, heiratete einen Rechtsanwalt, emigrierte nach Deutschland (Düsseldorf), starb früh an Gallenkrebs, sie hinterließ eine Tochter.

*** *Jacqui* (Dipl.-Ing. Jacques Schäffer), mein lieber Jugendfreund, mit dem ich die Volksschule in Czernowitz besucht hatte, wurde nach dem Einmarsch (1944) der Roten Armee in die Nordbukowina als Leitender Ingenieur eines Sägewerks eingestellt und als solcher vom Kriegsdienst befreit. Im Rahmen eines Bevölkerungsaustausches kam er 1947 nach Rumänien, reiste 1969 mit seiner Frau Lola nach Deutschland (Offenbach am Main) aus. Beide waren hier berufstätig. Jacqui ist im März 2001 nach einem schweren Leiden gestorben.

**** *Anni Schwarz*, damals eines der schönsten Mädchen von Czernowitz, heiratete kurz vor Kriegsbeginn. Nach Besetzung (1941) der Nordbukowina durch die deutschen und die rumänischen Truppen wurde das junge Paar in ein KZ nach Transnistrien abgeschoben. Beide, Anni und ihr Mann, wurden erschossen.

Abb. 3: Czernowitz: Anni und Jacqui flanieren durch die vornehme Herrengasse (Mitte der 30er Jahre)

Edi, Dita, Julko*, Ernstl ... Der Muskateller schimmerte rötlich in den geschliffenen Gläsern. Die Jungen griffen kräftig zu, die Mädchen führten von Zeit zu Zeit mit spitzen Fingern ein schmales Stückchen Torte zum Mund. Edi war in Form, und wir lachten uns schief über seine unnachahmlichen Geschichten. Gegen zehn Uhr war die Stimmung schon sehr vorgeschritten: Wir fielen einander ins Wort, Jacqui hämmerte auf dem Klavier, die Mädchen quiekten. Wer das Glas Wein umgekippt hatte, konnte nicht geklärt werden. »Hinterlässt keine Flecken!«, schrie Ernstl, übermütig lachend, als es rot über das Tischtuch lief.

Es war heiß. Julko stieß das Fenster auf, und ins Zimmer drang die kühle, nach einem kurzen Platzregen feuchte Nachtluft. Einige von den farbigen Kerzen, die unsere Tafel schmückten, verloschen im Windhauch. Die Mädchen schauerten. Sie waren schöner denn je, aus ihren Augen blickten das Dunkel und die Verheißung.

Edi, ein wenig beschwipst, brüllte: »Ich will im Kaukasus begraben sein!« Die Vorsehung nahm ihn beim Wort, nur dürfte ihr Kompass defekt gewesen sein, denn sie verlegte seine Grabstätte weiter nach Osten, als er es gewünscht hatte, und beträchtlich nördlicher. Davon aber später ...

Irgendwer grölte:

>»Es wird ein Wein sein,
> wir werden nimmer sein,
> und es wird Mädels geben,
> wir werden nimmer leben ...«

Es war wirklich ein schöner Abend.

Indessen kam das Schicksal auf uns zu mit schweren Tritten. Wir hatten sie überhört.

Ein leichter Wind hat sich aufgemacht, die Fensterläden knarren. Düster und nüchtern senkt sich die sibirische Sommernacht herab,

---

* *Julko* (Dipl.-Ing. Julius Gottesmann), mein Brünner Studienkollege, konnte 1940 nach dem Anschluss der Nordbukowina an die Sowjetunion eine Stelle als Ingenieur im nordbukowinischen Provinzstädtchen Wischnitz finden. Nach Kriegsausbruch (1941) und fluchtartigem Abzug der Roten Armee wurden er und seine Frau von Soldaten der nachrückenden rumänischen Truppen erschossen.

verwischt alle Umrisse und entzaubert das Halbdunkel. In den Häusern hinter den Gemüsegärten werden einige Fenster hell, misstönig kreischt ein Lautsprecher, und schonungslos tritt die brutale Wirklichkeit wieder vor mich. Sie heißt – Verbannung.

Die Weltverbesserer in Aktion

Und lasst der Welt, die noch nicht weiß,
Mich sagen, wie alles dies geschah ...
Shakespeare

Hitlers aggressive Außenpolitik führte Mitte der dreißiger Jahre zu einer erheblichen Eskalation der Spannungen zwischen den westlichen Demokratien und dem Dritten Reich. Die Versuche des britischen Premierministers Neville Chamberlain, durch eine Politik des ständigen Nachgebens gegenüber den wachsenden Ansprüchen der deutschen Macht den Frieden zu retten, waren gescheitert, und ein Kriegsausbruch deutete sich bereits an. Wir Czernowitzer sahen derweil dieser Entwicklung, wenn auch beunruhigt, doch immerhin gelassen entgegen in der vagen Überzeugung, dass etwaige militärische Konflikte schwerlich auf den Balkan übergreifen würden. Und da wir als Buko-Wiener nun einmal von der Wiener Leichtlebigkeit und vom Wiener Blut etwas mitbekommen hatten, ließen wir wie ehedem den lieben Gott einen guten Mann sein, lebten und liebten, stritten und vertrugen uns bald wieder – ganz nach dem Wort des Mephisto: »Den Teufel spürt das Völkchen nie, und wenn er sie beim Kragen hätte.« *Doch der Teufel kam tatsächlich.* Er kam mit forschem, militärischem Schritt und, tausendfach vervielfältigt, in Gestalt der Rotarmisten ...

Man schrieb das Jahr 1940; in Europa tobte der Zweite Weltkrieg. Polen war noch im September 1939 überfallen worden, und während die zersplitterten polnischen Truppen sich verzweifelt gegen die deutsche Übermacht wehrten, fiel die ruhmreiche Rote Armee den slawischen Brüdern in den Rücken[14]: Finis Poloniae. Jetzt erzitterte Frankreich, das durch seine zögerliche Politik militärisch und moralisch nicht auf Krieg vorbereitet war, unter dem Anrollen der deutschen Panzer. Die Sterne standen also günstig, und die Sowjets hielten die Stunde für gekommen, Bessarabien[15] zu befreien. Nebenbei nahmen sie den Rumänen die Nordbukowina[16] ab – der sowjetische Außenminister Molotow rechtfertigte diese Annexion zynisch als »Kompensation für die Ausbeutung Bessarabiens seit der Abtrennung (1918) dieses Gebiets von Russland« – und aus meiner Heimatstadt, dem ehemaligen österreichischen Czernowitz, das die Rumänen in »Cernăuţi« umgetauft hatten, wurde am 28. Juni 1940 schließlich ein sowjetisches »Tschernowzy«.

Der Bevölkerung wurden drei Tage Zeit gelassen, sich zu entscheiden: zu bleiben oder sich nach Rumänien fortzumachen. Den Juden, der Mehrheit der Einwohner von Czernowitz, fiel die Entscheidung schwer: Nach Rumänien zu gehen, wo die offizielle, kaum verhüllte Geisteshaltung der Antisemitismus war und jeder Jude als vermummter Kommunist galt, war riskant; zudem waren alle Verkehrsmittel, auch die Eisenbahn, mit abziehenden rumänischen Truppen und der flüchtenden rumänischen Elite überlastet. Von den Sowjets hingegen wusste man so gut wie nichts, denn der Grenzfluss Dnjestr schirmte Rumänien vor jeder glaubwürdigen Information dicht ab, und nur vage Gerüchte über jenes geheimnisvolle Land der Freiheit und Gleichberechtigung zirkulierten in der Stadt. Nachrichten über bolschewistische Gräuel, die das Blättchen der Cuzisten »Sfarmă piatra« (»Zerschmettert den Stein«) brachte – der kecke Titel erinnert an Mark Twains »Journalismus in Tennessee« –, erreichten eher das entgegengesetzte Ziel: Die offenkundig aus den Fingern gesogenen Reportagen wurden mit skeptischem Lächeln aufgenommen. Wenn wir nur geahnt hätten! Denn die Wirklichkeit erwies sich hundertfach grauenhafter als jene naiv-plumpen, propagandistisch zugestutzten Märchen.

Die neue Obrigkeit blieb indes nicht untätig: Als erste und wichtigste Maßnahme erachtete sie die Errichtung eines Denkmals, das den Anbruch der neuen, glückseligen Zeit künden sollte. Diesem löblichen Bestreben stellte sich aber ein wesentliches Hindernis in den Weg: Im Zentrum der Stadt, auf dem Ringplatz (rumänisch: »Piaţa Unirii«), stand bereits ein von den Rumänen erbautes Denkmal, das als Symbol des seinerzeit ebenso glücklichen Anschlusses der Bukowina an Rumänien gedacht war. (Hier sei vermerkt, dass die bukowinischen Juden ungeachtet der vom Wiener Bürgermeister Lueger

[†1910] in weiten Kreisen ausgelösten antisemitischen Mentalität loyale österreichische Untertanen blieben und die meisten später eine rührende Nostalgie nach der guten alten K. u. K.-Monarchie empfanden.)

Dieses rumänische Denkmal verdient eine genaue Beschreibung: Mitten auf einem weit ausgreifenden, bogenförmig gestalteten Steinsockel stand die Bronzefigur eines rumänischen Kriegers, an den sich eine Mädchengestalt, Sinnbild der Bukowina, schmiegte. Frontal nahm sich das Denkmal gut aus, aber dem Beschauer, der unbefangen eine Runde um das Denkmal machte, bot es noch eine kleine Überraschung: Hinter der konvexen Außenseite des Sockels kam als Fortsetzung des patriotischen Motivs die mächtige Figur eines Auerochsen zum Vorschein, der – als Wappentier der Bukowina – den österreichischen Aar zerstampft. De gustibus ... Nun, dieses Denkmal wurde von unserer neuen Obrigkeit umgehend abgerissen: »Denn alles, was entsteht, ist wert, dass es zugrunde geht« – diesen Leitsatz haben die Bolschewiki ja stets trefflich befolgt, und anstelle der doppelseitigen rumänischen Sehenswürdigkeit wurde im Prestotempo ein Obelisk aus Brettern gezimmert, mit grauer Ölfarbe, die Marmor imitierte, bestrichen und mit einer Inschrift versehen. Ein lackierter Holzobelisk – in der Tat, ein besseres Wahrzeichen der Neuordnung hätte man sich nicht denken können! Natürlich wurde später an dieser Stelle dem Gründer der Sowjetunion ein Denkmal gesetzt: »1952: ein kleines Lenin-Denkmal wird auf den kleinen Sockel gesetzt. Lenin schaut drein wie immer, also verkniffen und theatralisch-nichtssagend. ... Und sie, die Hand, ausgestreckt von Lenin wie ein travestierter deutscher Gruß von ehedem, zeigt auf die Notenbank der Sowjetischen Ukraine. Fordernd, auffordernd. Der Witz war sofort wieder da. Man meinte, er, dieser Herr Lenin ... weise auch jetzt den richtigen Weg, etwa so, als spräche er auffordernd aus den harten Lippen zu den Umstehenden: ›Los, kommt, Burschen, brecht in die Bank ein, schaut nach, ob überhaupt was drin ist, holt euch, was euch gehört und zusteht!‹«[17] Dieses Denkmal wurde 1992 abgerissen.

Hier muss ich vorgreifen, denn die Errichtung des Obelisken assoziiert sich mit einem anderen, späteren Schildbürgerstreich. Im November nahten die hohen Feiertage, und das innere Hochgefühl, von dem ein jeder aus diesem Anlass durchdrungen zu sein verpflichtet war, sollte auch vor Augen geführt werden. Angeregt vermutlich vom Liedchen »Alles neu macht der Mai, macht die Herzen frisch und frei«, das in die grauen Herbsttage Lenzstimmung brachte, stießen die rührigen Behörden den Kampfruf aus: »Alles neu anstreichen!« Mit »alles« war – bewahre! – nicht etwa so Banales wie Gartenzäune oder Sitzbänke gemeint, sondern die Häuserfront der respektablen Hauptstraße. Denn durch diese Straße, in der sich Kaufhaus an Kaufhaus reihte, sollte der festliche Zug sich bewegen, und niemandes Auge durfte durch einen etwaigen miesen Anblick beleidigt werden. Nun hielten die auf Repräsentation bedachten Czernowitzer Kaufleute ihre Geschäfte seit je in Ordnung: Alle Rollläden, Türen und Schaufensterrahmen wurden regelmäßig in solid-zurückhaltendem Braun gestrichen und bedurften jetzt kaum einer Erneuerung. Dergleichen Einwände gegen die Anstreichkampagne vorzubringen waren die Geschäftsinhaber allerdings schon nicht in der Lage, denn gemäß der dialektischen Lehre vom Umschlagen der Quantität in Qualität waren die vielen Inhaber damals schon keine Inhaber mehr...

Es wurde also gestrichen. Da der Vorrat an brauner Farbe aber bald verbraucht war, wurden in den folgenden Tagen die Läden für Haushaltswaren überlaufen: Die fleißigen Angestellten, einander mit »Herr Genosse« anredend, griffen zu allen möglichen Farben, die sich ergattern ließen. Nach einiger Zeit boten die Czernowitzer Kaufhäuser ein ungewöhnliches Bild: Smaragdgrüne und dottergelbe, knallrote und marineblaue Rollläden wechselten sich ab, und so manches Künstlerauge ruhte sinnend auf dem kontrastreichen Farbenspiel.

Und die Obrigkeit sah es und sagte »Dobro!« (»Gut!«)

Nachts geht das Verderben um

Blättern wir jetzt zurück. Czernowitz, Juli 1940. Fast ein Monat war seit dem Anschluss an die Sowjetunion verstrichen. Äußerlich deuteten sich in der Stadt keinerlei Veränderungen an, es sei denn, dass vor den Bäckerläden jetzt kleine Schlangen standen: Unser gutes, schmackhaftes Schwarzbrot war rar geworden, denn die Bäcker wurden angewiesen, mehr Weißbrot zu liefern und gleichzeitig aus demselben Teig allerlei Kringel, Striezel und Brezeln zu formen, die in ihrer Vielfalt den hereingebrochenen Überfluss vor Augen führen sollten. Gewisse Unannehmlichkeiten, die die Neuordnung uns brachte (nicht ohne Bedenken betrat man die Friseurstuben, wo man sich nun – so hieß es – Kopfläuse holen konnte), wurden bewitzelt und mit einem gequälten Lächeln hingenommen. Sonst aber schien das Leben und Treiben dem Trägheitsgesetz gemäß auf dem alten Gleis in gewohnter Richtung weiterzugehen, und kaum jemand wurde sich bewusst, dass die Weiche bereits umgestellt war. Die Kaufhäuser öffneten und schlossen zur üblichen Stunde, auf dem »Gänsehäufel« – einem Strandbad am Pruth – sonnte sich die Jeunesse dorée, und abends schlenderten nach wie vor Pärchen die städtische Promenade, die Herrengasse, entlang.

Dennoch lastete auf der Stadt unter dem Druck der ungewissen Zukunft eine beklemmende Unruhe; die Blicke, die gewechselt wurden, zeugten von innerer Spannung, und das Lachen klang nicht mehr echt. Im noblen Hotel »Schwarzer Adler«, wo sich der NKWD (die sowjetische politische Geheimpolizei) etabliert hatte, blieben die Fenster die ganze Nacht hindurch hell erleuchtet, und über die zugezogenen Vorhänge glitten die Schatten sich hin und her bewegender Gestalten. Die exotische Erscheinung berittener Militärs, die, eine schwarze, wehende Burka umgehängt, sich von Zeit zu Zeit auf den Straßen blicken ließen, war auch nicht dazu angetan, die Stimmung zu heben. Meinem Vater, Inhaber eines Schuhgeschäfts, waren die Sorgen vom Gesicht abzulesen; schweigsam geworden, ließ er nur dann und wann ein Wort fallen über Mutmaßungen und Gerüchte, die in Kaufmannskreisen umliefen und nichts Gutes verhießen. Und doch geschah nichts – einstweilen. Diese bleierne Stille war trügerisch wie die lautlose drückende Schwüle vor dem Losbrechen eines Gewitters. Und es brach los. Am 31. Juli 1940, gegen Mitternacht, schreckte uns die Klingel aus dem Schlaf. Verstört und verschlafen, kleideten Vater, Mutter und ich uns notdürftig an; im Guckloch erblickte ich das freundliche Gesicht unseres Hausmeisters, der etwas Belangloses murmelte. Ich öffnete – herein stürzten zwei uniformierte NKWD-Büttel. »Waffen hergeben!«, herrschten sie uns an. Die Verständnislosigkeit, ja das Befremden, das sich auf unseren Gesichtern malte, mochte sie überzeugt haben. Auch dürfte das traurige Handwerk, das sie ausübten, ihnen genug Menschenkenntnis vermittelt haben, um einzusehen, dass von den drei schlotternden Gestalten, die vor ihnen standen, kein Widerstand zu erwarten war. Ohne ein Wort über den Zweck ihres Eindringens zu verlieren und mit einer Gelassenheit, die von ausgiebiger Praxis zeugte, machten sie sich ans Werk. Einer der beiden setzte sich an den Tisch, zog einen Block linierter Bogen hervor, legte bedächtig ein Kohlepapier unter und listete, während der andere die Schränke und Schubladen plünderte, unsere guten, ehrlich erworbenen Sachen auf. Eine Haussuchung also…

Ich muss gestehen, dass ich nach anfänglicher Bestürzung mich allmählich beruhigte, umso mehr, als die Büttel keinerlei bedrohliche Andeutungen machten. Wir waren uns ja keines Verschuldens bewusst; vielleicht war all das nur eine bei dieser Neuordnung herkömmliche Formalität? Nun, ich hatte inzwischen Zeit genug, die beiden zu betrachten. Schon die Uniform, deren Tiefblau und das schmale Rot an den Hosennähten auffällig disharmonierten, wirkte nicht gerade einnehmend. Aber die Gesichter! Derlei Visagen vergisst man nicht: Die fahle, übernächtige Gesichtsfarbe, die eingefallenen Wangen mit den vorstehenden Backenknochen verliehen ihnen etwas Wölfisches, wenn nicht der stechende Blick – Raubtieren ist er nicht eigen: Diese reißen nur, wenn sie der Hunger zwingt; Hass ist ihnen fremd.

Inzwischen waren die Büttel mit der Haussuchung zu Ende gekommen, und ich atmete erleichtert auf in der Hoffnung, die ungebetenen Gäste bald das Haus verlassen zu sehen. Aber die Bestialität hatten sie sich bis zum Schluss aufgehoben: Zwei von unseren drei Zimmern schlossen sie ab, und – das Blut stockte uns in den Adern – unsren Vater hießen sie mitkommen. Mutter und ich blieben allein, wir waren verstört und bestürzt: Was hatte das zu bedeuten? Sollte unser Vater zu einem Verhör gebracht worden sein, sollte er im Milizrevier irgendein Protokoll unterschreiben müssen? Bangen Herzens warteten wir auf das erlösende Klingelzeichen, um unseren Vater in die Arme zu schließen, aber es verging eine Stunde, dann noch eine und noch eine – nichts. Jeder Schritt auf der Treppe, jedes Rascheln im Korridor, jeder Schlag einer zufallenden Tür ließ uns auffahren – nichts. Qualvoll langsam bewegte sich der Uhrzeiger.

Am frühen Morgen fand ich mich vor dem Pianino sitzend, den Kopf in die Hände gestützt – ich war vor Erschöpfung eingenickt. Ich sprang auf – was tun, wohin, an wen sich wenden? Die Gedanken schossen mir fieberhaft durch den Kopf, und da erinnerte ich mich an einen gewissen A., einen wohlhabenden Kaufmann, der als Salonkommunist galt. Das war einer von jenen Snobs, die ihre Nichtigkeit hinter hochtrabenden Phrasen zu verbergen suchten und, ein feines marxistisches Lächeln aufsetzend, sich in einer Erlöserrolle gefielen. Doch er verfügte angeblich über Beziehungen.

Der »Herr Genosse«, etwas verschlafen, empfing mich in einem eleganten Pyjama, zog, als er mich angehört hatte, die Stirne in Falten, und bedeutungsvoll nickend, versprach er ... Ich wurde mir der Nutzlosigkeit meiner Fürbitte sogleich bewusst. Es wurde Abend, es wurde Morgen, und wieder Abend und wieder Morgen ... Das Bewusstsein meiner völligen Hilflosigkeit lähmte mich. Niemand konnte mir raten, niemand wusste, wohin mein Vater gebracht worden war.

Inzwischen häuften sich die Gerüchte: Viele seien in diesen Nächten »geholt« worden. Nach einigen Tagen verdichteten sich diese Gerüchte zur Gewissheit, denn von irgendjemand kam mir zu Ohren, dass im Stadtgefängnis Pakete mit Kleidungsstücken für die Verhafteten entgegengenommen würden. Ein Zufall kam mir zu Hilfe. Ein freigelassener Zellengenosse meines Vaters (wahrscheinlich ein Dieb, denn nur diese Sorte Menschen wie auch Straßenräuber, Gauner, Einbrecher waren einerseits ihrer proletarischen Herkunft wegen, andererseits vermöge ihres auf Untergrabung der kapitalistischen Wirtschaft gerichteten Handwerks über jeden Verdacht regierungsfeindlicher Tätigkeit erhaben und erfreuten sich sogar eines gewissen Wohlwollens[18]) suchte mich auf und brachte mir Nachrichten: Mein Vater bat um warme Kleider. Mehr wusste er nicht zu sagen, als dass mein Vater auch in der Zelle sehr auf Ordnung bedacht sei und allabendlich vor dem Schlafengehen die Beinkleider pedantisch über einen Stuhl hänge... »Da muss ich sitzen, einsam und verlassen,... und Sklavenketten drücken diese Hände, die ich hinüberstrecke nach den Meinen« – diese Worte aus Grillparzers »Sappho« pflegte mein Vater, der diese Tragödie im Wiener Burgtheater gesehen hatte, zu Hause wehmütig zu wiederholen... Sollte er sein Schicksal vorausgeahnt haben?

Am nächsten Tag ging ich den Leidensweg zu dem am Stadtrand gelegenen Gefängnis, einem grauen und Grauen erregenden dreistöckigen Gebäude, dessen kleine vergitterte Fenster mit verstaubten Scheiben mir Dantes Worte ins Gedächtnis riefen: »Lasciate ogni speranza, voi ch'entrate.« – »Lasst alle Hoffnung fahren, die ihr hier eintretet.« Vor einem offenbar neu eingebauten Schalter im Erdgeschoss stand eine lange Schlange – Brüder, Schwestern, Väter, Frauen, Söhne, Töchter jener, die »geholt« worden waren, alle mit Paketen unterm Arm, stumm, elend. Hinter dem Schalter saß ein NKWDist, der, nachdem ich den Namen genannt hatte, in einer Art Hauptbuch blätterte, mit dem Finger über Namenlisten fuhr, endlich nickte und mein Paket entgegennahm. Ich hatte Vaters alten Pelzmantel und eine Wollmütze gebracht; den guten neuen Pelz mit dem Fischotterkragen und die Pelzmütze wollte ich bis zu Vaters Heimkehr aufbewahren. Es hat nicht sein sollen. Der Pelz mit dem Fischotterkragen, mein Vater und wir, Mutter und ich, haben nie wieder zueinander gefunden.[19]

Zu Hause hatten wir indes Zugang bekommen. In den nach der Haussuchung abgeschlossenen zwei Zimmern bezogen zwei NKWD-Schergen mit ihren Frauen Quartier. Ob es dieselben waren, die meinen Vater abgeführt hatten, kann ich nicht sagen, denn ich habe sie nie zu Gesicht bekommen – ich scheute ihren Anblick. Die Eindringlinge hatten unser Schlafzimmer und unser Speisezimmer besetzt, schliefen in unseren Betten (in dem einen Zimmer, das uns geblieben war, stand eine Couch, auf der jetzt Mutter schlief, ich machte mir auf dem Fußboden eine Lagerstatt zurecht), benutzten unsere Wäsche, fraßen mit unserem Besteck und aus unserem Geschirr. Ihre Weiber blickten auf uns geringschätzig und fast mit Ekel herab wie auf Parias, denen man großmütig – eher noch aus falschem Mitleid – ein Zimmer überlassen hatte. Gegen 9 Uhr morgens besetzten sie die Küche, kochten, brieten, und der brenzlige Geruch gerösteten Specks drang zugleich mit ihren kreischenden Stimmen durch die ganze Wohnung.

Alles war uns fremd und wild geworden in unserem einst so stillen Heim: der dumpfe Aufschlag, mit dem sie die Türen ins Schloss warfen, das Licht, das sie im Flur über Nacht brennen ließen (wofür wir aber zahlen mussten), das laute Grölen, das die Schergen frühmorgens nach getaner »Arbeit« hören ließen. Mutter verharrte im Zimmer, eingeschüchtert und still, und wagte sich erst in die Küche, nachdem die lärmende Gesellschaft das Haus verlassen hatte. Inzwischen hatte ich nach langem Suchen eine Stellung als Laborant gefunden, und das Gehalt (etwa 70 Rubel) ermöglichte uns, das Dasein zu fristen. Mein Vorgesetzter, Pjatin mit Namen, war – ich gebe es gern zu – ein gütiger und teilnahmsvoller Mensch, der aber an meinem und meiner Mutter weiteren Schicksal – es stand uns noch eine Prüfung bevor – nichts ändern konnte.

So zogen sich unsere Tage hin, eintönig und trostlos. Alle unsere Gedanken kreisten um den Vater – keine Nachricht, keine amtliche Mitteilung; eine fast unnatürliche Leere schien uns zu umgeben. Da traf ich eines Tages einen meiner ehemaligen Brünner Studiengenossen, Siegfried Wender*. Seinerzeit hatte er, stets elegant gekleidet, in Studentenkreisen durch sein sicheres Auftreten eine Vorrangstellung eingenommen. Jetzt war er unrasiert, bleich und elend: Sein Vater, Inhaber eines Tuchgeschäfts, war auch »geholt« worden. Rühriger als ich, war es ihm indes gelungen, an einen der vielen von

---

* *Siegfried Wender* (Dipl.-Ing.) konnte der Deportierung entgehen, überlebte nach Kriegsausbruch die Schmach des Czernowitzer Gettos. Als 1944 die Russen wiederkamen, ging er nach Rumänien, dann nach Israel, siedelte 1951 nach Deutschland (München) über, ließ sich schließlich 1986 in Paris nieder. Sein Vater ist aus den sibirischen Lagern auch nicht zurückgekehrt. Sigu – so wurde er im Freundeskreis genannt – ist im Januar 2001 gestorben.

drüben Zugereisten, die jetzt wie Heuschrecken über unsere satte Bukowina herfielen, heranzukommen. Dieser, sich als Rechtsanwalt ausweisend, habe sich erbötig gemacht, unserer beider Väter Angelegenheit mit je 200 Rubel zu bereinigen. Mutter und ich besaßen damals kaum mehr als eben 200 Rubel (beim Anschluss wurden seinerzeit nur 3000 rumänische Lei gegen 300 Rubel umgetauscht), doch fand ich mich am nächsten Tag an der vereinbarten Stelle ein. Der Genosse Rechtsanwalt – dem Aussehen nach ein ziemlich schäbiges Subjekt – steckte behaglich unsere 400 Rubel ein, murmelte etwas von Schritten, die einzuleiten er gewillt sei, und zog gelassen von dannen – auf Nimmerwiedersehen: einer von jenen Aasgeiern, die sich am Unglück anderer satt essen.

Noch eine bedeutsame Begegnung fiel in jene Zeit: Auf der Straße traf ich Lucies jüngere Schwester Martha*. Und wenn ich jetzt ein lyrisches Intermezzo in meine Erzählung einflechte, so nicht, um das Dunkel der Schilderung aufzuhellen – auch das Intermezzo endet tragisch –, sondern um noch einmal die Freuden und Leiden, die »Irrungen – Wirrungen« (ich finde kein besseres Wort) junger Seelen vor meinem geistigen Auge vorüberziehen zu lassen, zumal die Fabel meiner Erzählung und die des Intermezzos ineinander greifen.

---

* *Martha (Konstanze)* starb 1994 vereinsamt in Chicago. Es war ihr noch vergönnt gewesen, die Hochzeit ihrer einzigen Tochter zu erleben.

Lucie

Das Schicksal mischt die Karten,
und wir spielen.

Schopenhauer

Als ich mit Lucie bekannt wurde, war sie neunzehn, ich sechsundzwanzig. Zu der Zeit hatte ich schon einige belanglose Liebeleien hinter mir. Die andauerndste war mein Verhältnis mit Elli gewesen, mit der ich drei Jahre zusammen war. Ich hatte sie auf der Eisbahn kennen gelernt, sie war damals noch Schülerin. Obwohl Jüdin, war sie ganz von nordischem Typ: blond, blauäugig, ebenmäßig gebaut, die feinen Ohrläppchen fast durchsichtig, die Wangen »so weiß wie Schnee, so rot wie Blut«. Ein Maler hätte sich kein besseres Modell für eine Madonna wünschen können. Natürlich war ich auf den ersten Blick bis über beide Ohren verliebt. Im Winter wandelten wir auf einsamen Wegen durch den verschneiten Volksgarten, und ich küsste ihr die Lippen warm; im Sommer fuhren wir zum »Gänsehäufel« am Pruth – im Badeanzug sah sie noch verführerischer aus –, und ich küsste ihr die Tropfen von den nassen Lippen. Wir schmorten in der prallen Sonne, und wenn die Hitze unerträglich wurde, flüchteten wir uns in den Schatten bemooster, stufenweise aufsteigender Betonblöcke – Ruinen eines Hippodroms –, wo das Märchen im Verborgenen hauste und wir die Königskinder waren...

Zwei Jahre waren vergangen. Elli war inzwischen nach Prag gezogen, Medizin zu studieren, während ich mein Studium an der Deutschen Technischen Hochschule in Brünn fortsetzte. Wir trafen uns nur noch in den Ferien. Und allmählich erkaltete meine leidenschaftliche Liebe zu ihr, denn hinter der vollendeten Erscheinung kam nach und nach eine triviale Natur zum Vorschein. Ihr Hobby waren seichte Romane in der Courths-Mahler-Manier und das

Kino. Sie versäumte kaum einen rührseligen Film, und nachher erzählte sie mir langatmig seinen Inhalt, ohne auch nur die unbedeutendste Einzelheit auszulassen: wie »er« den Hut aufsetzte, wohin »sie« die Handtasche legte ... Ihr zuzuhören wurde mir zur Qual, und sosehr ich mich auch bemühte, ihr zu folgen – ich verlor schließlich den Faden der Erzählung. Indessen sprudelten die Worte nur so aus ihrem Mund, und ich atmete erst auf, wenn das unvermeidliche Happy End sie für eine Weile verstummen ließ. Zu guter Letzt verfiel ich auf eine niederträchtige List: Während sie mit glänzenden Augen, ganz im Banne des Erlebten, von den Leidens- und Liebeswegen ihrer Helden erzählte, ließ ich meiner Phantasie freies Spiel. Ich hörte überhaupt nicht zu, dachte an dies und das, träumte mit offenen Augen und achtete mit halbem Ohr nur auf Namen. Von Zeit zu Zeit hakte ich ein: »Na, und Rolf, was hat der gesagt?« – »Ach, Rolf«, gab sie bereitwillig zur Antwort, »der hat nichts gesagt, er hat bloß mit der Faust...«; ich, nach einer Weile, vorsichtig: »Aber Pamela, hat sie ...?« – »Ach nein, ich hab dir's ja schon gesagt, sie hat ihn einfach stehen lassen«, plapperte die süße Puppe weiter.

Als sich in unseren Beziehungen ein Bruch abzuzeichnen begann, versuchte sie alles, um mich zu halten: Sie hatte eine Einreisegenehmigung in die USA – es war 1939, am politischen Horizont zogen bereits Wolken herauf – und schlug mir vor, mit ihr nach Amerika zu gehen. Auch dieses verlockende Angebot verwarf ich. Ich habe schlecht, sehr schlecht an ihr gehandelt. Gott verzeih mir's, ich konnte nicht anders. Später ist mir zu Ohren gekommen, dass eine englische Lady, der Elli in einem Prager Café durch ihre ungewöhnliche Schönheit aufgefallen war, sie ohne viel Federlesens mit nach England genommen hat. Möge dort das Glück ihr günstig gewesen sein! Ob sie mir verziehen hat? Meinen Teil habe ich schon abgebüßt ...

Ein Jahr später wurde ich mit Lucie bekannt. Sie war keine klassische Schönheit im engeren Sinne des Wortes – sie war mehr als das: Sie hatte Charme, Geist, Humor; war hochgewachsen, knabenhaft schmächtig, hübsch und grazil wie »Das Mädchen auf dem Ball« von Picasso. Braune Locken umrahmten ein ovales, schön geschnittenes Gesicht, die braunen Augen blickten oft schalkhaft, aber immer freundlich. Wir verstanden uns so gut, wir unterhielten uns so ungezwungen. Ihre Nähe beglückte mich, ich fühlte mich unbeschwert und mit allen Fibern meines Herzens zu ihr hingezogen. Sommers verbrachten wir die Freizeit im »Gänsehäufel« und aalten uns wohlig in der Sonne. »Heute hat meine Mutti mit mir geschimpft, weil ich wieder mal den ›unanständigen‹ weißen Badeanzug genommen habe«, sagte sie einmal und lachte schelmisch. Ich las ihr an den Augen ab, dass sie mir gut war.

Lucie erfüllte mein ganzes Sein; zum ersten Mal keimte in mir ein tiefes, beglückendes Gefühl auf – es war *die* Liebe, die sich auf Seelenverwandtschaft gründet; wir waren eins im Denken und Fühlen. Ich glaube, dass Lucie damals mit Recht einen Antrag von mir erwartete. Ich zögerte; ich war immer ein Schwärmer und Träumer gewesen, der gewichtige Entscheidungen aufzuschieben suchte. Auch wusste ich nicht, wie ich, ein frisch gebackener Ingenieur ohne feste Stellung, ohne eigene Wohnung, unser Familienleben bestreiten sollte. Als Kaufmann in Vaters Geschäft einzutreten – und Vater hat mich oft dazu angehalten – hatte ich weder sein Können noch Lust. Einmal versuchte ich, mit meinem Vater ein Gespräch über Lucie anzubahnen; ich fragte, ob er die Familie H. kenne. Vater war müde, zerstreut und überhörte meine Frage…

So zogen sich die Tage und Wochen hin. Einmal, als wir durch die Straßen schlenderten, sagte Lucie unvermittelt: »Hör mal, ich hab' einen Ungarn kennen gelernt. Er ist zwar fünfunddreißig, aber er sieht gut aus und ist sehr reich.« Ohne ihren Worten irgendwelche Bedeutung beizumessen, versetzte ich leichthin: »Ein reifer Jüngling!« Lucie schwieg. Ach, ich Narr! Erst jetzt, nach fünfzig Jahren, kommt mir zu Bewusstsein, dass in ihren Worten die stumme Frage enthalten war: »du oder er? Entscheide dich!«

Einstweilen änderte sich nichts in unseren Beziehungen; wir blieben zusammen, badeten im Pruth, ich verkehrte in ihrem Haus, wo ich Martha, Lucies Schwester, ein schmächtiges Mädchen von etwa sechzehn Jahren kennen lernte. Inzwischen hatten sich die Gewitterwolken, die über Europa hingen, entladen, und seit 1939 loderte der Kriegsbrand; der Juni 1940 brachte uns den Anschluss an die Sowjetunion. Die ersten Wochen unter der neuen Herrschaft – es war gewissermaßen die Inkubationszeit – verstrichen unmerklich. Noch

Abb. 4: Das letzte Bild von Lucie (1940)

war jene bolschewistische Seuche mit ihren furchtbaren Gräueln nicht ausgebrochen, und Lucie und mich fand die Julisonne abermals im »Gänsehäufel«, wo wir lässig im Gras lagen und uns bräunten. Lucie ließ wieder einmal einige spitze Bemerkungen über die Neuordnung, die uns beschert worden war, fallen; ich lauschte begeistert. »Wenn man dich hörte, könnt' man noch glauben, dass du keine Kommunistin bist«, redete ich ihr vergnügt ins Gewissen. Sie lachte leise.

Mitte Juli traf ich in ihrem Haus bei einem meiner Besuche den »Ungarn«. Es berührte mich unangenehm, ihn familiär neben Lucie auf dem Sofa sitzen zu sehen. Wir wurden einander vorgestellt. Lazi G. – so hieß er – war mittelgroß, trug das schwarze Haar sorgsam gescheitelt und sah für sein Alter nicht übel aus. Er war gerade dabei, Lucie auf originelle Art zu amüsieren: Er warf Bonbons hoch in die Luft und fing sie mit aufgerissenem Mund wieder auf. »Großartig!«, spendete ich etwas abfällig Beifall; Lucie schien konsterniert. Bald darauf verabschiedete ich mich. »Mag sie selbst sehen, wie sie den öden Clown los wird«, dachte ich ärgerlich.

Und dann brach die Nacht des 31. Juli herein – Hausdurchsuchung, Vaters Verhaftung. Lucies Bild schwand in mir, und nur selten, ganz selten drängten sich mir ihre lieben Züge auf – eine Erinnerung, deren ich mich nicht erwehren konnte.

Es war im späten Herbst, als ich zufällig Martha begegnete. Ich berichtete ihr von Vaters Verhaftung; dann, mit stockendem Atem: »Wie geht es Lucie?« – »Lucie hat geheiratet.« Sie brachte die Worte eigentümlich rasch hervor, als wollte sie wie ein geübter Chirurg mir den Schmerz verkürzen, und blickte mich prüfend an. Es gab mir einen so wehen Stich ins Herz, der Hieb kam unerwartet... »Übermitteln Sie ihr meine besten Glückwünsche«, sagte ich tonlos und schritt, wie mir schien, ins Leere. Die Zufälle häuften sich: Am nächsten Tag, auf dem Weg zum Blumenladen (ich wollte Lucie einen Rosenstrauß schicken) traf ich das Paar, Lucie und ihn. Sie gingen Arm in Arm und schienen glücklich. Ich gratulierte formell. »Lebe wohl, Lucie«, dachte ich, »und wenn auf immer, dann lebe wohl auf immer!«

Doch das Schicksal hatte es anders beschlossen. Ich sollte Lucie noch einmal wiedersehen...

Wozu die Eintönigkeit und Hoffnungslosigkeit jener Tage wieder beschreiben? Keine Nachrichten vom Vater; kein Rechtsmittel, dessen man sich hätte bedienen können, um wenigstens Aufklärung zu erhalten. Schließlich verfiel ich auf den Gedanken, einfach ohne nähere Anschrift ein »Gesuch an die Staatsanwaltschaft« zu schreiben. Und ich erhielt Antwort! Dieses unheimliche, mystische Ungetüm ließ von sich hören! Mein Vater sei gemäß den Paragraphen soundso zu sieben Jahren Lagerhaft verurteilt worden, lautete der lakonische Bescheid. Großer Gott! Weshalb, wofür? Wann hatte die Verhandlung stattgefunden, warum hatte man uns nicht verständigt? Was hätte mein Vater in dem einen Monat der Neuordnung Unrechtes tun können?[19] Wenn auch sein Beruf – Kaufmann – den jetzt gültigen Rechtsnormen nicht entsprach, durften denn die Gesetze rückwirkend angewendet werden? Aber der grässliche Rachen hatte sich schon geschlossen und gab keinen Laut mehr von sich. Mutter und ich waren niedergeschmettert. Zu Hause lastete düsteres Schweigen. Mutter schien wie benommen; sie handelte, bewegte sich wie ein Automat, ihr Gesicht war ausdruckslos und teigig.

Erst jetzt, da ich das niederschreibe, wird mir bewusst, wie sehr sich damals – mit wenigen Ausnahmen – das Verhalten der Mitmenschen mir gegenüber geändert hat. Hausnachbarn, die stets freundliche Grüße mit mir getauscht, Bekannte, die sonst gern ein paar Worte mit mir gewechselt hatten, wichen mir aus, wie um meinem Pesthauch zu entgehen. Meinen Gruß erwiderten sie mit scheuem Kopfnicken und beschleunigten die Schritte. Aus ihren Augen blickte die Angst, und sie mieden den Gezeichneten – den Sohn eines Verhafteten, vielleicht sogar eines »Volksfeindes«.

Die Grenze, die »Mögliches« und »Unmögliches« schied, verwischte sich allmählich. Es gab nichts Unmögliches mehr. Gesetz, Sitte, Recht, Moral – alles war verworfen, und alles war möglich geworden. So zu urteilen gebot uns die nüchterne, klare Vernunft, aber unser Unterbewusstsein hielt sich noch zäh an die alten Inhalte jener Begriffe, und man war noch nicht auf »alles Mögliche« gefasst.

Nächtliche Razzia
Verladung in den Viehwagen

Ein Jahr war vergangen. Anfang Juni 1941. In Czernowitz verbreiteten sich plötzlich wilde Gerüchte über eine bevorstehende Deportierung. Beunruhigt, aber dem Gerede wenig Glauben schenkend, ging ich meiner Arbeit nach. Indessen gingen die Gerüchte wie ein Lauffeuer durch die Stadt. Am Abend des 9. Juni suchte mich mein Leidensgefährte Siegfried Wender auf; er war sichtlich erregt und sprach schnell und eindringlich. Auf dem Güterbahnhof stünden Hunderte von leeren Waggons bereit, heute Nacht werde eine Razzia veranstaltet, ich solle mich bei Verwandten oder sonst irgendwo verstecken, drang er in mich. Mehr aus Pflichtbewusstsein als aus Überzeugung gingen Mutter und ich am späten Abend zu Tante Regina, Vaters jüngerer Schwester.

Tante Regina bewohnte mit ihrem Mann und ihren Kindern den ersten Stock eines kleinen alten Hauses, das in einem stillen Gässchen am Stadtrand gelegen war. Es dauerte ungefähr eine Stunde, bis wir ankamen; öffentliche Verkehrsmittel dorthin gab es noch nicht, und Mutter ging langsam. Tante Regina nahm uns freundlich und teilnahmsvoll auf; das Schlafzimmer mit zwei Betten wurde uns überlassen. Am Morgen – nichts war vorgefallen – ging Mutter nach Hause, ich, nun entspannt und unbekümmert, zur Arbeit. Aber als ich zur Mittagspause nach Hause kam, fand ich Mutter bestürzt: Tante Jenny, die in der Nähe wohnte, sei da gewesen – man habe nachts bei ihr nach uns gesucht! Also doch! Mit dumpfem Gefühl begab ich mich wieder zur Arbeit zurück (aussetzen war strafbar!); nach Arbeitsschluss versuchte ich auf allerlei verschlungenen Wegen etwaige Spitzel abzuschütteln. Beklommenen Herzens gingen wir abends wieder zu Tante Regina. Was stand uns bevor?

Die Sommernacht senkte sich auf die Stadt herab und breitete schonend ihr dunkles Tuch über Straßen und Gassen. Nach und nach verloschen die Lichter in den Fenstern, es wurde still. Ab und zu war im Gässchen der Schritt eines späten Fußgängers zu hören. Wie lieb mir doch als kleinem Jungen diese Sommernächte gewesen waren! Wenn durch das offene Fenster der dunkle Wind leise über meine Stirne strich! Wenn ein einsamer Fiaker über das Steinpflaster rasselte und der Hufschlag – trapp, trapp! trapp, trapp! trapp, trapp!... – allmählich in der Ferne verhallte! Wie das Gefühl der Geborgenheit – Vater und Mutter im Zimmer nebenan – mich so wohlig einlullte!

Aber warum drängten sich mir die Eindrücke der Kindheit gerade in jener Nacht so gewaltsam auf? War es die dumpfe Ahnung des Unabänderlichen – eines Abschieds für immer von allem, was mir lieb und traut war, die diese Bilder aufleuchten ließ?

Ich schlief unruhig; das ferne Dröhnen eines Lastkraftwagens machte mich aufhorchen; es kam näher, wurde lauter und ... verstummte vor unserem Haus. Ich hielt den Atem an. Da waren sie auch schon, die Eulen des nächtlichen Handwerks, zwei NKWD-Schergen in ihrer widerlichen blau-roten Uniform. Barsch: »Ankleiden und mitkommen!« Sie brachten uns nach Hause und waren so großmütig, uns eine halbe Stunde Zeit zu lassen, um einzupacken. In aller Eile suchten wir das Nötigste zusammen; vor allem holte ich meine Papiere – das Abiturzeugnis, das Diplom und Ähnliches – hervor, dann warfen wir Kleidung, Bettwäsche, Schuhe in zwei Koffer (in der Hast packte ich von zwei gleichen Paaren Skistiefel zwei linke ein, und das Besondere daran ist, dass ich sie später fast ohne Beschwerden getragen und schließlich durchgelaufen habe); ein Polster, eine Steppdecke und was wir sonst noch erhaschen konnten, verschnürten wir zu einem Bündel.

Es bleibt mir unerklärlich, wie es meiner Mutter, einer behäbigen, herzkranken Frau, gelang – wenn auch mit meiner Hilfe – den Fuß auf den Reifen des Lastkraftwagens zu setzen und sich über die Seitenwand zu schwingen. Der Güterbahnhof lag einige Kilometer von der Stadt entfernt, und die nächtliche Fahrt dauerte etwa eine halbe Stunde. Angekommen, vermochten wir auf dem schwach beleuchteten Terrain unzählige Güterwagen vom Typ »8 Pferde oder 40 Mann« wahrzunehmen. In einen dieser Waggons wurden wir verladen. Durch ein hoch gelegenes schmales Fensterchen fiel etwas Licht in den Innenraum, und allmählich fanden wir uns zurecht. Wir waren nicht die ersten: Über ein Dutzend Unglückliche – Frauen, Männer, Kinder – hockten auf Koffern und Bündeln; Sitzbänke gab es nicht. Das einzige Möbel war ein hölzerner Kübel, dessen Geruch keinen Zweifel an seiner Bestimmung aufkommen ließ.

Wie sich später herausstellte, wurden in Czernowitz ausschließlich die Juden von der Deportation betroffen: Die Deutschen – etwa 70 000 aus der sowjetischen Nordbukowina[20] – waren vorsorglich noch 1940 ins Reich heimgeholt worden, die Rumänen waren gleich zu Beginn der Invasion sowjetischer Armee-Einheiten in ihre Ur-heimat geflüchtet, an die Ruthenen machte man sich offenbar we-gen ihrer ethnischen Zugehörigkeit zu den Ukrainern nicht heran; es blieben also nur die Juden, dieses für alle Zwecke jederzeit zur Verfügung stehende Material, übrig.

Von Zeit zu Zeit bekamen wir Zugang: Die eiserne Waggontür tat sich rasselnd auf, und ein neuer Schub Vertriebener wurde hinein-gedrängt. Die ganze Nacht war Klagen und Jammern zu hören: Ei-nigen Familien hatte man nichts mitzunehmen erlaubt; sie starrten verzweifelt vor sich hin und beschrieben in einem fort den Hergang, wie sie gefasst worden waren. Andere wieder klagten um nahe Ver-wandte, die sich an verschiedenen Orten versteckt hatten und deren Schicksal nun ungewiss war – würden sie wieder zueinander finden? Alle waren erregt, beunruhigt. Wieder und wieder: »Was steht uns bevor?« Eine Mutmaßung jagte die andere.

Mittlerweile war es Tag geworden. Vor den Waggons sammelten sich immer mehr Männer, Frauen, Kinder an. (Offenbar hatte der lichtscheue NKWD sich nicht getraut, am hellen Tag der aufgereg-ten Menge den Zutritt zum Güterbahnhof zu verwehren.) Sie waren gekommen, Abschied von ihren Lieben zu nehmen; die meisten tru-gen Pakete. Auch unseren Unglücklichen, die nichts hatten mitneh-men dürfen, wurden jetzt Kleidungsstücke, Wäsche, Hausgeräte durch das kleine Fensterchen hineingezwängt. Die verloren ge-glaubten Familienmitglieder hatten sich noch nachts »eingefun-den«, die eiserne Tür rasselte, und sie wurden den Ihren zugescho-ben.

Ich blickte gespannt aus dem Fensterchen, hoffte, jemand Bekann-ten zu erblicken. Sieh da, Tante Regina war mit ihrer Tochter Selma gekommen! Die gute alte Tante hatte den weiten Weg zu Fuß zurückgelegt. Sie brachte uns ein kleines Kissen und noch irgendwelche Sachen, weinte. Die Menschenmenge zog ununterbrochen an den Waggons vorbei, erregt, betroffen, verzweifelt. Dann und wann schrie man zum Fenster hinauf – wer sich im Waggon befinde, ob wir wüssten, wohin dieser oder jener gebracht worden sei.

Zerstreut und deprimiert ließ ich den Blick über die vorüberziehende Menge gleiten. Auf einmal – ich traute meinen Augen nicht: Vor unserem Fensterchen standen Lucie und Martha! »Lucie!«, rief ich, und meine Stimme überschlug sich; ich presste mein Gesicht ans Gitterfensterchen. Sie blickte hoch. »Wolfi, du auch?!«, schrie sie auf, und Tränen stürzten ihr aus den Augen. Eine dumpfe Pause... »Es ist besser so, Lucie«, sagte ich schließlich und versuchte, mich ruhig zu geben, aber mein Herz klopfte wild in der Brust, »vielleicht finde ich meinen Vater wieder.« Sie schlug die Hände vors Gesicht und sprach kein Wort mehr. Dann steckte sie mir eine Kerze und noch irgendetwas zu. Ich hieß sie gehen... Ade, Lucie! Diesmal auf ewig... Die Bedeutung des Wörtchens »auch« in ihrem Ausruf sollte sich mir aber erst ein halbes Jahrhundert später erschließen.

Jahr um Jahr verging. Ich habe sibirische Schneewüsten durchwandert, und der Frost biss mich ins Gesicht. Ich bin durch Sümpfe gewatet, und die Mücken stachen mich blutig. Mit einer Bürde auf dem Rücken trottete ich auf staubigen Landstraßen dahin, und die Hitze dörrte mich. Und doch: Hin und wieder steigt – damals wie jetzt – die untergegangene Welt der Jugend vor meinem geistigen Auge auf, und Lucie ersteht mir. Jetzt, schon ein Greis, höre ich ihre Stimme, ihr leises Lachen, blicke in ihre braunen, schalkhaften Augen.

Tomsk, Dezember 1990. Ich war bei Margit F.*, einer ebenfalls verbannten Czernowitzerin, zu Besuch. Sie hatte seinerzeit im Haus nebenan gewohnt, und ich kannte sie noch als kleines Mädchen.

---

* Margit Bartfeld-Feller wurde 1941 mit ihren Eltern und ihrem jüngeren Bruder im Rahmen der Massendeportation nach Sibirien im Dörfchen Krassnojarka (Rayon Wassjugan) ausgesetzt. 1990 konnte sie mit ihrer Familie nach Israel ausreisen; sie schreibt dort für »Die Stimme« (Mitteilungsblatt für die Bukowiner, hrsg. in Tel Aviv) gehaltvolle Artikel über ihre Leidenszeit in Sibirien, sie veröffentlichte auch wehmütige Erinnerungen an Czernowitz. 1996 erschien der erste Sammelband ihrer Kurzgeschichten unter dem Titel »Dennoch Mensch geblieben«; es folgten »Nicht in Nichts gespannt« (1998), »Wie aus ganz andern Welten« (2000), »Am östlichen Fenster« (2002).

Jetzt reiste sie mit ihrer Familie nach Israel aus – ihre »Ssylka« (Verbannung) war zu Ende… Wir nahmen voneinander Abschied; in der Eingebung des Augenblicks bat ich sie, dort Erkundigungen über Lucie anzustellen. Zu meiner Überraschung zeigte sich Margit gut informiert und wusste auch um Lucies Heirat. Lazi G., Ungar jüdischer Abstammung, sei damals nicht fünfunddreißig Jahre alt gewesen, wie er sich Lucie gegenüber ausgab, sondern an die vierzig. Er sei mit einer jungen, anmutigen Frau verheiratet gewesen und steinreich. Als er Lucie kennen gelernt hatte, habe er sich scheiden lassen. »Genaueres kann Ihnen Ernst K.* mitteilen, er war doch Marthas Freund und hat sie vor kurzem in Chicago besucht«, sagte sie und fügte hinzu: »Ernst ist inzwischen nach Riga umgezogen.« Sie nannte mir seine Adresse.

Bald darauf erhielt ich von Ernst K. – er war seinerzeit auch aus Czernowitz deportiert worden – einen ausführlichen Bericht über Lucies Schicksal. Vor meinem inneren Auge entrollte sich der fünfte Akt einer erschütternden Tragödie (Ich gebe den Inhalt des Briefs mit Kommentaren wieder.): Nach dem Überfall auf die Sowjetunion wurde die Bukowina rasch von deutschen Truppen besetzt. Was von der jüdischen Bevölkerung nach der Deportation noch übrig geblieben war, wurde jetzt zum Teil ins Getto, zum Teil ins KZ getrieben. (Tante Regina hat mit ihrer Familie die schwere Zeit im Getto überstanden; ihre Tochter Selma lebt jetzt in Kanada; Tante Jenny ist mit ihrem Mann Hermann, Vaters älterem Bruder, und ihrem Sohn Eduard im KZ umgekommen.) Lucie und ihr Mann konnten nach Rumänien flüchten. Mittlerweile war es vermögenden Juden in Rumänien wie auch in den besetzten Gebieten gelungen, mit den Nazibonzen ein Gentlemen's Agreement zu treffen; es beruhte auf einer erheblich aufgewerteten Fassung des vom Ersten Weltkrieg her bekannten Wahlspruchs »Gold gab ich für Eisen«: Anstelle des minderwertigen Eisens wurde »Leben« gesetzt. Denn wenn tote Juden auch gering bewertet wurden, so quotierten lebende doch umso höher. Und so ging der Tauschhandel flott vor sich: Für Gold, Juwelen und Kunstgegenstände durften die Juden ihr Leben loskau-

* Ernst Kudisch wurde 1941 mit seinen Eltern nach Sibirien deportiert. In den siebziger Jahren heiratete er, übersiedelte Ende der achtziger Jahre mit seiner Familie nach Riga in die Lettische SSR. Später gelang ihnen die Ausreise in die USA.

fen. 1943 gingen Hunderte ausgeplünderter Flüchtlinge, darunter Lucie und ihr Mann, in Konstanza, der rumänischen Hafenstadt am Schwarzen Meer, an Bord der »Struma«, um durch den Bosporus ins Mittelmeer und schließlich an ihr Ziel Palästina zu gelangen.

Damals war Palästina britisches Mandatsgebiet; der Kriegszeit wegen waren die Behörden besonders wachsam, und da die Passagiere der »Struma« keine Visa hatten, durfte das Schiff palästinensische Häfen nicht anlaufen. Es machte also kehrt, legte in Istanbul an, fuhr durch den Bosporus zurück ins Schwarze Meer und nahm Kurs – auf den Tod: Das Schiff wurde von einem deutschen U-Boot torpediert und ging mit Mann und Maus unter. Ein großer Ölfleck auf der Wasseroberfläche, einige Wrackteile, die herumschwammen, waren wohl das Letzte, was von der »Struma« übrig blieb. Von allen, die in Konstanza die Reise angetreten hatten, blieb ein Einziger am Leben: Er hatte ein englisches Visum und durfte auf der Rückfahrt in Istanbul an Land gehen, gelangte auf Umwegen nach Palästina und lebt jetzt in Mexiko. Dieser einzig Überlebende ist Ernst K.s Cousin.

Ob Lucie, meine Lucie, zu Meerschaum zerflossen ist wie Andersens kleine Seejungfrau? Vom großen Dänen stammt der Ausspruch: »Die schönsten Märchen schreibt das Leben selbst«; ich würde einflechten: »Die schönsten *wie auch die traurigsten* ...« Oder sollte Andersen gemeint haben, dass die traurigsten Märchen zuweilen auch die schönsten seien?

Damit ist Lucies Geschichte zu Ende. Ihr Los war hart – wie das aller auf dem Unglücksschiff. Und doch, wenn ich es recht bedenke, haben die Wasser des Schwarzen Meeres barmherziger an Lucie gehandelt, als es die Wassjuganer Taiga getan haben würde, wo sie verkommen, verlaust und schließlich elend zugrunde gegangen wäre: »*Das Schicksal mischt die Karten* ...« Lucie hatte eine schlechte Karte gezogen ...

Ein paar Worte zu Martha. Sie flüchtete in den Kriegsjahren nach Rumänien, vernichtete alle ihre Papiere, um nicht als Jüdin erkannt zu werden, nahm einen anderen Namen an: Aus »Martha« wurde »Konstanze«; heiratete einen Amerikaner, ging nach dessen Tod nach Chicago.

Noch ein Postskript: An jenem Junimorgen, als wir bereits in den

Viehwagen zum Abtransport verladen waren, ging Martha, von Lucie begleitet, auf der Suche nach ihrem Freund Ernst die lange Waggonreihe entlang, blickte zu den vergitterten Fensterchen auf, fragte nach ihm, fand ihn. Nachher, schon auf dem Rückweg, gerieten sie vor unseren Waggon, daher Lucies Aufschrei: »Wolfi, du *auch*?!«

Nach Sibirien

»Dalsche Sibiri ne paschljut!«
(»Weiter als nach Sibirien wird man nicht verschickt!«)
Russische Volksweisheit

Nach und nach lichtete sich die Reihe der Vorüberziehenden, schließlich kamen nur noch Nachzügler vorbei, denen der Abschied von ihren Lieben so schwer gefallen war. Ein Büttel brachte uns zu essen: je einen Eimer Brei und Tee, genügend Weißbrot. Man aß zerstreut, die erste Wallung hatte sich gelegt, die Erregung flaute ab, und man fügte sich – für heute – stumpf in das Unabänderliche.

Ich fühlte schon lange das heftige Bedürfnis, die kleine Notdurft zu verrichten, doch hielt ich mich, so gut ich konnte, zurück. Meine Blase schien platzen zu wollen, und endlich gab ich mir einen Ruck: Ich schritt in die Mitte des Waggons, blickte auf die Umstehenden und sagte, mehr aus Angst vor der eigenen Courage, betont fest: »Ich bitte alle, sich abzuwenden!« Dann trat ich an den Kübel heran... Später errichteten wir aus Leintüchern eine Art Wandschirm um den Kübel. Die anfängliche Scheu, ihn zu benutzen, war rasch überwunden, und bald meldete man sich: »Ich bin der/die Nächste...« Das zynische Wort »Der Mensch ist ein Gewohnheitstier« hatte sich wieder bewahrheitet.

Der Abend senkte sich herab. Jeder bereitete sein Nachtlager: Auf den schmutzigen Bretterboden wurden Decken gelegt, und man richtete sich, so gut es ging, ein. Ein neuer Tag brach an. Wir standen noch immer auf dem Güterbahnhof; auch in der vergangenen Nacht war eine Reihe Untergetauchter eingefangen und verladen worden. (Erst vor kurzem habe ich erfahren, dass in jenen Tagen eine behördliche Anordnung verlautbart worden war, wonach denen, die Unterschlupf gewährten, gleichfalls Deportation angedroht wurde.) Die Sonne brannte unbarmherzig auf die stillstehenden

Waggons herab, innen war es heiß wie in einem Backofen. Einige Städter gingen noch die Waggonreihe entlang, diesem und jenem ein Paket hinaufreichend. Schon die zweite Nacht verbrachten wir, ohne von der Stelle zu kommen. Der dritte Tag dämmerte herauf. Merkwürdigerweise wurde man des Stillstehens überdrüssig; man wartete auf die Abfahrt des Zuges, der uns – sei dem, wie ihm wolle – doch endlich an ein Ziel bringen würde.

Ich sah zum Fensterchen hinaus. In der Ferne hoben sich dunklen Wellen gleich bewaldete Anhöhen vom Horizont ab. Trautes Land der Buchenwälder! Liebe, kleine Bukowina! In den Ausläufern der Karpaten verborgen, könnte sie für ein Märchenland gelten: Hier ist alles niedlich und klein wie in einem Puppenspiel – die sanften Hügel, die Bäche, die durch die Schluchten rieseln, die in den Tälern verstreut liegenden Dörfchen mit den Kirchlein, welche ihre mit Kreuzen gekrönten Türme wie betend gefaltete Hände Gott entgegenstreckten, auf dass Er Sein Auge nicht wende vom Unglück der Welt, auf dass der Böse nicht frohlocke.

Gegen Abend des 13. Juni verspürten wir einen Ruck: Der Zug setzte sich in Bewegung. Unser Viehwagen holperte über die Weichen, und wir fuhren los – nach Osten, jeder seinem Schicksal entgegen. Ich blickte ein letztes Mal aus dem Fensterchen. Gehöfte, Herden mit ihren Hirten, da ein Teich, dort ein Buchenwäldchen – alles huschte immer schneller vorbei: »Lebt wohl, ihr Berge, ihr geliebten Triften, ihr traulich stillen Täler, lebet wohl!«

Wir fuhren die ganze Nacht hindurch; an das Schütteln und Rütteln unseres ungefederten Waggons hatten wir uns schon gewöhnt. Der Tag brachte eine veränderte Landschaft – weite, ebene Felder, die sich bis an den Horizont zogen, und die sengende Sonne darüber. Wir waren offenbar auf eine der ukrainischen Hochebenen gelangt. Unsere Verköstigung wurde reichhaltiger! Außer Brei und Tee wurde uns noch ein dritter Gang verabreicht. Zum Nachtisch erhielten wir einen Eimer rosafarbenes Gelee von süßlich-fadem Geschmack. Wie wir später erfahren haben, war das eine aus Stärkemehl zubereitete Speise, »Kissel« genannt. Niemand rührte dieses fremdartige, zittrige und quallige Gericht an – wir gossen es allemal aus. Ach, wir trugen die Nase zu hoch! Noch ahnten wir nicht, was kommen sollte, sonst hätten wir die Eimer wohl ausgeleckt.

Fast eine Woche war verstrichen. Jetzt durchfuhren wir offenbar schon die tiefer gelegene ukrainische Steppe. Oft hielt der Zug ohne ersichtliche Ursache auf freiem Gelände. Einmal trat, als wir wieder stillstanden, eine Bäuerin heran und bot uns einen Krug Milch für einen Laib Brot an. Ich stutzte: eine Bäuerin und bittet um Brot?! Ich musste an unsere bukowinischen Bauern, die alle mit Nahrung im Überfluss versorgt waren, denken. Rumänien war damals ein Agrarland, Nahrungsmittel waren sehr billig, das Angebot übertraf die Nachfrage; niemand hungerte. Kein Bettler ließ sich dazu herab, Brot als milde Gabe anzunehmen; es verlangte sie nach Geld, das sie vermutlich dann vertranken. Und: woher wusste diese Bäuerin, die von weither gekommen sein musste – Häuser waren nur in der Ferne zu sehen –, dass in diesem Zug Deportierte fahren und mit Brot versorgt sind? Vermutlich waren andere Züge mit gleicher »Ladung« uns vorausgefahren und hatten für Reklame gesorgt. Wir hatten den Ural hinter uns gelassen, als der Zug wieder einmal auf offener Strecke hielt. Anscheinend war ein längeres Stillstehen vorgesehen, denn – o Erlösung! – man öffnete uns die Waggontüren, und aus dem Halbdunkel und dem Kloakendunst des Viehwagens sprangen wir Jüngeren hinaus in die frische, betäubend frische Wiesenluft. Neu belebt, hopsten wir wie Kinder im Gras umher, blinzelten im grellen Tageslicht und schwatzten mit Nachbarn aus anderen Wagen – als sich plötzlich entlang der Waggons wie eine Explosionswelle die Nachricht verbreitete: Der Krieg ist ausgebrochen! (Es war der 22. Juni 1941.) Im Nu verstummte das Lachen. Ungute Gefühle überkamen uns: Wie wird sich dieses neue Verhängnis auf uns auswirken? Mutmaßungen, Angst, zaghafte Hoffnung, man werde uns nun freilassen, und Zweifel mischten sich... Inzwischen ertönte die Sirene, und widerstrebend kletterten wir wieder in unsere Käfige auf Rädern. Langsam, zögernd setzte der Zug sich in Bewegung. Die anfängliche Erregung und der Meinungsstreit waren abgeflaut, und die meisten hockten wieder auf ihren Bündeln, dösig und gleichgültig gegen alles, was da vorging. Wir waren bereits zwei Wochen unterwegs; Wasser brachte man uns nicht. Sich waschen, die Zähne putzen oder die Kleider wechseln waren zu überholten Bräuchen einer für uns untergegangenen Zivilisation geworden. Der dumpfe, üble Geruch in der bedrückenden

Enge ließ die missmutigen Gesichter um uns noch abstoßender erscheinen. Einzig das Wetter lachte uns an: Die ganze Zeit über begleiteten uns strahlender Sonnenschein und leichte Wölkchen. Wir waren wohl schon in die sibirische Niederung gelangt, denn der Himmel sah blassblau aus, ihm fehlte das tiefe Blau über unserer hoch gelegenen Bukowina. Nie bekamen wir eine Stadt oder eine größere Ortschaft zu sehen; wahrscheinlich hielt der Zug stets auf Nebengleisen weit von Bahnhöfen – wir sollten kein unnötiges Aufsehen erregen.

Wir kamen in Tomsk an. Mit Koffern und Bündeln beladen, verließen wir unsere Viehwagen und wurden auf einen Flussdampfer gebracht. Nun fanden wir uns mit Verbannten, die in verschiedene Waggons verladen worden waren, vereint; man entdeckte unter ihnen Bekannte (ein unter diesen Umständen wenig erfreuliches Wiedersehen), und das unerschöpfliche Thema – wie man gefasst worden war und was uns bevorstünde – wurde von neuem aufgegriffen. Dass unser Schiff die Verbannten aus allen Waggons aufgenommen hat, scheint mir zweifelhaft; vermutlich wurde der beträchtliche Eisenbahntransport auf mehrere Dampfer verteilt, die ihre Fracht in verschiedene Rayons des Tomsker Gebiets brachten. Nach der Enge im Viehwagen bot uns das Schiff wieder die lang ersehnte Bewegungsfreiheit. Wir konnten uns auf dem Deck die Füße vertreten, die Glieder recken; wir konnten uns endlich waschen!

Zunächst fuhren wir den Tom flussabwärts. Die hohen, bewaldeten Ufer, der rege Verkehr auf dem Fluss – Schlepper, Lastkähne –, die kleinen Dörfer, die an uns vorüberglitten, Fischer am Ufersand: All das bot nach der eintönigen Eisenbahnfahrt eine angenehme Abwechslung.

Die Stimmung hatte sich aufgehellt: Die belebten, gut bestellten Uferlandschaften, die auf dem Flussdampfer unter den gegebenen Umständen hinreichende Beköstigung ließen uns hoffen, am Bestimmungsort erträgliche Lebensbedingungen vorzufinden. Ach, es sollte ein böses Erwachen aus diesen Wunschträumen geben!

Die schwarzen Wasser

Unsere »Fahrt ins Blaue« dauerte schon einige Tage. Inzwischen waren wir in den Ob, einen der größten Flüsse der Welt, eingebogen und fuhren flussabwärts, immer weiter nach Norden. Jetzt konnten wir die weit entfernt liegenden, in Dunst verschwimmenden Ufer kaum wahrnehmen. Wohin brachte man uns? Die Stimmung war umgeschlagen, düster lag das Ungewisse vor uns. Wir hatten uns wieder einmal alle auf dem Deck versammelt; schweigend und vergrämt blickten wir über die weite Wasserfläche hinweg. Immer seltener glitten Schiffe oder Boote vorbei, immer öder wurden die fernen Ufer.

Plötzlich zog ein junger Mann aus seinem Bündel ein Futteral hervor, entnahm ihm – wir rissen die Augen auf – eine Geige, setzte den Bogen an und spielte... die Melodie der rumänischen Nationalhymne »Träiască regele în pace şi onor...« (»Es lebe der König in Frieden und Ehre...«) Die Mienen aller »Passagiere« hellten sich auf; niemand sprach ein Wort, aber eine stille, vielsagende Heiterkeit malte sich auf unseren Gesichtern. Natürlich war sich jeder bewusst, dass dieses Solo nicht als Loyalitätserklärung für den rumänischen Staat, wo Juden sich keineswegs großer Sympathie erfreuten, aufzufassen war. Vielmehr sollte es eine vergnügliche Herausforderung sein, gerichtet an den uns bewachenden hölzernen NKWD-Schergen. Dieser blickte verdutzt drein und wusste sich unseren plötzlichen Stimmungswechsel nicht zu erklären, schien sich schließlich der alles bezwingenden Macht der Töne zu beugen, und um uns nicht nachzustehen, setzte er ein schiefes Lächeln auf. Lieber, mutiger Geiger! Wie mag sich sein weiteres Schicksal gestaltet haben? Ob sie ihm nicht doch heimgegeigt haben?

Nun bogen wir nach links in den Fluss Wassjugan[21] ab. Ich erschrak: Das Wasser war schwarz, wir waren in eine wildfremde Gegend geraten. Jetzt fuhren wir flussaufwärts, die Ufer rückten näher, und ich konnte das Gebiet überblicken. Es schien ein ödes Sumpfland zu sein; der Wassjugan schlängelte sich in unzähligen Windungen durch die trostlose Landschaft. Nirgendwo ein Lebenszeichen, kein Dorf, keine Siedlung, nur dichtes Gebüsch und Weidengestrüpp, dessen Zweige sich vom flachen Ufer bis zum Wasser neigten. Tag um Tag verging. Mir war zumute wie einem Forschungsreisenden, der ausgefahren war, neue Gebiete zu entdecken, nur mischte sich in meine Neugier und mein Staunen dumpfe Angst.

Nach etwa einer Woche zeigte sich am linken, höher gelegenen Ufer ein Dorf. Wir legten an. Alle stiegen aufs Deck und blickten voll Verwunderung auf einige Männer, die in Stiefeln am lehmigen Ufer herumgingen, den Kopf in ein schwarzes Netz gehüllt. Das Staunen sollte uns aber bald vergehen, denn ein Schwarm blutrünstiger Stechmücken fiel wie rasend über uns her, und fuchtelnd stürzten wir uns unter Deck. (Solange das Schiff in voller Fahrt gewesen war, hatte der frische Gegenwind die Mücken abgehalten; jetzt machten sie sich über uns her.) Das Dorf hieß »Sredni Wassjugan«, es war die erste Station für uns Verbannte: Wer wollte, durfte sich hier niederlassen. Viele gingen mit ihren Koffern und Bündeln an Land. Ich hielt Mutter zurück: Ich hoffte auf Besseres. Wären wir nur dort ausgestiegen! Denn was kam, war nur schlimmer.

Und weiter, immer weiter ritzte der eiserne Steven am Bug unseres Dampfers die schwarze Glätte des Wassjugan. Die nächsten Stationen waren die Dörfchen Krasnojarka und Malomuromka. Auch dort durfte man das Schiff verlassen. Manche von uns, darunter Mutter und ich, zögerten noch immer. Schließlich legte das Schiff an einem ziemlich steilen Ufer an. Wir seien in Tewris angekommen, klärte uns ein Matrose auf. Vor uns lag ein größeres Dorf, irgendwo brüllte eine Kuh. »Alles aussteigen!«, ertönte das Kommando. Wir waren froh, endlich in eine größere Ortschaft gekommen zu sein – aber hier durften wir nicht bleiben! Greise, betagte Frauen und die Habe wurden mit Booten auf einem nicht schiffbaren Nebenfluss des Wassjugan weiterbefördert; die anderen, darunter ich, mussten etwa vier Stunden unter Führung und Bewachung auf engen, gewundenen Pfaden über Wurzeln, morsche Baumstämme, Tümpel durch die Taiga wandern, bis wir in ein Dörfchen gelangten. Stalinka – das Dörfchen ist nach dem großen Mann benannt worden – war die letz-

Abb. 5: Morgennebel über dem Wassjugan (Mai 1954)

te Station, wo Deportierte ausgesetzt wurden; sie blieb es auch für die allermeisten im übertragenen Sinn. Nach einiger Zeit kamen auch die Boote an; Mutter und ich waren wieder zusammen.

Der Kommandant, wie sich der hagere NKWD-Scherge, dem wir jetzt unterstanden, nannte, versammelte uns am Ufer vor dem Kolchoskontor und hielt eine kurze, aber markige Ansprache. Wir seien für fünfundzwanzig Jahre hierher in die Verbannung geschickt worden und müssten im Kolchos arbeiten, sagte er, ohne sich auf weitere Erklärungen einzulassen. »Wenn er mir die fünfundzwanzig Jahre garantiert, werd' ich schon ganz zufrieden sein«, meinte mit echt jüdischem Humor ein hinfälliger Alter. Dann wurden uns, etwa vierzig Personen, Wohnstätten zugewiesen. Mutter, ich und noch eine Familie wurden bei einer allein stehenden Bäuerin einquartiert, die uns – wir konnten es ihr nachfühlen – mürrisch aufnahm. Im einzigen Zimmer (es war zugleich auch Küche) des kleinen Blockhauses standen ein Bett, ein grob gezimmerter Tisch, zwei Bänke, ein Hocker. Wir machten uns auf dem Fußboden eine Lagerstätte zurecht und verbrachten die erste Nacht in der Verbannung.

Am nächsten Morgen goss es in Strömen. Nichtsdestoweniger wurden wir zur Arbeit angetrieben – Gärfutter zu bereiten. Die Einheimischen – als ehemalige Kulaken (Großbauern) unterstanden sie gleichfalls dem Kommandanten und sollten auch mitarbeiten – murrten über solche Schinderei: Bei dem Wetter jage man ja keinen Hund vor die Tür. Es half nichts; der Kommandant, wohl um ein Exempel zu statuieren, setzte seinen Willen durch. Ein Glück, dass die Alten, auch meine Mutter, zu Hause bleiben durften. Und so patschten wir auf schlammigen Pfaden durch Gestrüpp und Pfützen bis zu einem mit Weiden bewachsenen Flussufer; hier rissen wir Weidenruten und warfen sie in eine große Grube. Endlich war die Grube gefüllt, und wir durften »heim«. Verdreckt und bis auf die Haut durchnässt, fand ich mich bei Mutter ein.

Taiga! Die Gegend war mir derart fremd, dass ich mich auf einen anderen Planeten versetzt glaubte: kein Stein, kein Kiesel, nur schwarze, mürbe Erde, die manchmal unter den Füßen gluckste; dichtes, fast undurchdringliches Gestrüpp, in dem Myriaden blutdürstiger Stechmücken schwärmten; verkrüppelte Zwergbirken, ineinander verflochtene Weiden, unter deren tief herabhängenden Zweigen man sich durchwinden musste, dabei über Baumstümpfe und vermoderte Äste strauchelnd, und – was mich schaudern machte – das schwarze Flusswasser (eigentlich dunkelbraun und, wie sich herausstellte, durchaus trinkbar).

Die Dorfbewohner, selbst in den dreißiger Jahren als Kulaken von ihren Höfen vertrieben, wurden hier an der damals unbewohnten, wilden Uferlandschaft, dem nachmaligen Stalinka, ausgesetzt, hausten zunächst in Laubhütten, zimmerten sich dann Blockhäuser. Jetzt wurden sie nicht müde, diese ihre Robinsonade den ungebetenen Gästen vorzuhalten, die es doch so gut hätten, gleich fertige Wohnräume vorzufinden. Das Dorf lag auf einer ausgedehnten Anhöhe, die die Siedlung mit ihren Feldern vom umliegenden Sumpfgebiet abgrenzte, und zählte dreißig bis vierzig Häuser, von denen etwa die Hälfte längs des Ipalyn-Igai (ein Nebenfluss des Wassjugan) stand; die übrigen umsäumten den breiten, ausgefahrenen Weg, der im rechten Winkel zum Fluss führte.

In den folgenden Tagen wurde mir eine besondere Arbeit aufgetragen. (Ich war wohl kräftiger als die anderen jungen Männer und hatte dadurch die Aufmerksamkeit des Kolchosbrigadiers auf mich gezogen.) Mit einer Gruppe Einheimischer arbeitete ich am Wegebau: Wir mussten zu beiden Seiten einer nicht tiefen Schlucht mehrere Kubikmeter Erde ausheben; später sollte hier eine Brücke über die Schlucht geschlagen werden. Ich arbeitete aus Leibeskräften und stand den Einheimischen nicht nach. Während der Mittagspause verzehrte ich schnell mein karges Mahl, das Mutter mir mitgegeben hatte: zwei, drei Scheiben Brot, dazwischen dicke Haut von der Milch (früher hatte ich die Haut nie leiden können, jetzt schien sie mir ein Hochgenuss). Dann löschte ich meinen Durst aus einem unweit gelegenen Moortümpel, warf mich ermattet ins Gras und ruhte unbeweglich, bis die Pause zu Ende war. Die Einheimischen taten sich indessen an Speck, Fleisch und Bratkartoffeln gütlich.

Im Kontor wurde allabendlich eine Tabelle ausgehängt, worin die geleisteten »Arbeitstage« verzeichnet wurden. Unsere Arbeit – Erde ausheben – zählte zu den schweren, und jedem von uns wurde mehr als ein »Arbeitstag« dafür angerechnet. Es kränkte mich, dass mir immer weniger angeschrieben wurde als den Einheimischen. Ich wagte aber nicht, mich zu beschweren. Einstweilen erhielten wir noch den »Pajok« – unsere 500-Gramm-Brotration –, den wir für unser Geld *kaufen* durften. Noch konnten wir uns kümmerlich nähren, noch tat der Hunger nicht allzu weh, noch ahnten wir nicht, was kommen sollte.

An einem schönen, sonnigen Tag wiederum gab man unseren Landsleuten, auch mir, eine leichte Arbeit: Auf einer ziemlich weitab gelegenen Wiese mussten wir das während der Regenfälle feucht gewordene Heu wenden, damit es trockne. Die Arbeit war angenehm, der frische Wind vertrieb die lästigen Stechmücken, und für eine Weile war uns ganz wohl zumute. Ein junger Mann, an die dreißig, der mit Vater und Mutter vertrieben worden war, schien besonders aufgeräumt und stimmte mit einem klangvollen Bariton die Arie »Auch ich war einst ein reicher Csárdáskavalier...« aus Kálmáns »Gräfin Mariza« an. Der Sänger erntete für seine auf unsere Lage so gut zugeschnittene Improvisation Beifall.

An einem frühen Septembertag fiel Schnee; nach einer Stunde war alles weiß. Mich erschütterte dieser im Spätsommer so ungewöhnliche Anblick derart, dass ich in Tränen ausbrach. Mit einem Male wurde mir bewusst, was im Begriff »Sibirien«, der uns noch in der Heimat Schaudern eingeflößt hatte, enthalten war: Schnee, Kälte, Hunger und... Tod; die Umrisse der sibirischen Apokalyptischen Reiter waren schon deutlich zu erkennen. Unsere Hauswirtin beschwichtigte mich: Der richtige Winter käme erst Mitte Oktober. Und wirklich, am nächsten Tag war wieder klarer Himmel und freundliches Wetter; die Sonne stand zwar tief, aber den Schnee hatte sie weggeleckt.

Eine neue Arbeit: Ich musste an der Worfelmaschine arbeiten, einem primitiven Gerät mit Handbetrieb, das die Getreidekörner von der Spreu trennte. Ich drehte die Kurbel sieben bis acht Stunden wie ein Leiermann (»und mit starren Fingern dreht er, was er kann«). In der Mittagspause verzehrte ich einige gesottene Kartoffeln, die mir Mutter mitgegeben hatte. Ein Gutes brachte mir diese Arbeit aber ein: In meine zwei zu weiten linken Skistiefel (meine eleganten Halbschuhe hatten in der Taiga nicht lange gehalten) fielen immer Getreidekörner, und zu Hause konnte ich manchmal sogar eine Hand voll davon herauskratzen. Mutter schüttete sie in die dünne Suppe. (Die Taschen damit zu füllen wäre als staatsfeindliches Verbrechen angesehen worden.)

Es war schon im späten Herbst, als ich einen »Vorschuss« auf meine Arbeitstage erhielt: anderthalb Kilo Erbsenmehl. Der süßliche, fade Brei, den Mutter daraus kochte, schien mir so lecker, dass ich mich ehrlich wunderte, warum wir nicht zu Hause so Gutes und Schmackhaftes zubereitet hatten. (Gedankengänge dieser Art waren das erste Anzeichen psychischer Veränderungen, die der Hunger bewirkte.) Dieser »Vorschuss« blieb allerdings alles, was ich vom Kolchos bekam. In der Folge gab es nur Arbeit ohne jede Entlohnung. Es wäre aber verfehlt, unsere Arbeit Sklavenarbeit zu nennen, denn das hieße einen wesentlichen Unterschied übersehen: Sklaven wurden von den Sklavenhaltern mit Kost und Kleidung versorgt, während wir ganz auf uns gestellt waren, es sei denn, dass wir die Brotration – solange sie erhältlich war – kaufen konnten. Immerhin wurden wir nicht gepeitscht; der Brigadier alias Sklavenaufseher ging nur jeden Morgen die Häuserreihe entlang und klopfte an die Fenster: »An die Arbeit!«

Um gerecht zu sein, will ich betonen, dass die Einheimischen um nichts besser gestellt waren; alles Getreide, das sie säten und ernteten, mussten sie, das Saatgut ausgenommen, ohne jede Gegenleistung dem Staat abliefern. Mehl oder Brot bekamen sie nicht zu sehen (man erinnere sich an die Bäuerin, die uns während der Herfahrt Milch für Brot anbot). Theoretisch durften die Kolchosbauern den Überschuss an Getreide, der ihnen nach Ablieferung der so genannten staatlichen Bestellung verblieb, für sich behalten; praktisch war aber diese Bestellung so bemessen, dass den Kolchosbauern nach Erfüllung ihres Solls nicht nur nichts übrig blieb, sie gerieten vielmehr noch in Schulden.[22] Auf den kleinen Grundstücken, die ihnen zur Einzelwirtschaft zugewiesen waren, bauten die Kolchosbauern nicht Getreide, sondern ertragreiche Kulturen wie Kartoffeln und allerlei Gemüse an. Davon konnten sie sich selbst ernähren und zum Teil das Vieh (eine Kuh, ein Kalb vielleicht) versorgen. Hühner wurden nicht gehalten, dazu fehlte das Futter. Nirgendwo habe ich im Dorf eine Katze oder einen Hund gesehen.

Irgendwann im Spätherbst wurde je ein Familienmitglied der Verbannten in das Kolchoskontor bestellt. Hier wurde uns eröffnet, dass wir für die Freiwillige Kriegsanleihe zeichnen müssten. Der Begriff »freiwillig« muss hier allerdings hypothetisch verstanden werden; zwar wurde Brachialgewalt nicht angewendet, aber wir wurden mit »Kontorarrest« belegt: Wer seinen Namen nicht auf die Subskriptionsliste setzte, durfte das Kontor nicht verlassen. Dieser und jener rutschte nervös auf der Bank herum, versuchte zu protestieren, berief sich auf Geldmangel – es half nichts. Ich blieb ungerührt: Mir waren nur noch einige Rubel geblieben, und im warmen Kontor fühlte ich mich ganz wohl; ich machte es mir bequem und döste. Nach etwa zwei Stunden wurde ich entlassen. (Die Obrigkeit war wohl über die Vermögensverhältnisse eines jeden von uns unterrichtet, auch dürfte man mir meine harte Arbeit angerechnet haben.) Wie diese erbauliche Geschichte für die anderen, die in Gewahrsam gehalten wurden, ausgegangen ist, ist mir nicht bekannt.

Indessen hatte der Winter eingesetzt. Die Arbeit im Kolchos wurde eingestellt: Es gab dort nichts mehr zu tun, jeder war sich selbst überlassen. Immer seltener gelang es, die noch verbliebenen Kleidungsstücke für Kartoffeln einzutauschen.

Die Milchkaraffe

Von Kriegsteilnehmern habe ich mir sagen lassen, dass kleine Granatsplitter, die in jener bösen Zeit sich ins Fleisch gebohrt hatten, nach Jahren allmählich an die Oberfläche getrieben und schließlich ausgestoßen würden. Unsere Psyche verhält sich ebenso: Sie verdrängt die schmerzlichsten Eindrücke aus dem Gedächtnis und bewahrt frohe, ungetrübte Bilder – Muttis weiche Hände, die erste Liebe... Und das ist gut so; denn sonst wäre die Menschheit unter dem immerwährenden Druck einer unseligen Vergangenheit längst verkümmert oder gar zugrunde gegangen. So aber breitet die Natur einen Schleier über das Grauen des Vergangenen (»die Zeit heilt Wunden«) und lüftet ihn nur dann und wann, wenn irgendein kurioser Vorfall, manchmal auch nur ein unbedachtes Wort uns zwingend ein düsteres Geschehen ins Gedächtnis ruft. Für mich heißt eines dieser Wörter »die Milchkaraffe«.

Das Jahr 1941 hatte eine Missernte gebracht: Die Kartoffeln, das Hauptnahrungsmittel, waren nicht geraten. Und das bedeutete Hunger. Die Dorfbewohner hatten allenfalls noch genug davon zum Überwintern und auch zur Aussaat, aber für uns Neuankömmlinge war nicht viel zu hoffen. Einen Laden gab es im Dorf nicht; bei den Einheimischen zu kaufen war aussichtslos, denn Geld zählte hier nicht; es galt wie vor Jahrtausenden allein der Tauschhandel. Nach und nach wurde alles, was man nur entbehren konnte, gegen Kartoffeln oder Milch eingetauscht. Schließlich war dieser Markt erschöpft – die Bauern gaben keine einzige Kartoffel mehr ab; ihr ohnehin geringer Vorrat war schon zusammengeschmolzen, und sie behielten das Nötigste für sich.

Nun hieß es, neue Märkte zu erschließen, und hier boten sich zwei Möglichkeiten: das unweit von hier am Wassjugan flussabwärts gelegene Dörfchen Malomuromka und das entferntere, westlich gelegene Großdorf Tewris. Die erste Möglichkeit musste verworfen werden, denn in Malomuromka herrschte das gleiche Elend wie bei uns, und unseren Leidensgenossen, den dort ausgesetzten Deportierten, stand das gleiche Schicksal bevor ... Von Tewris aber hieß es, dass man dort, wenn nicht Kartoffeln, so doch Milch erstehen könne.

So machte ich mir aus einem alten Sack, an dessen zwei Zipfel ich Schnüre band, einen Rucksack zurecht, verstaute darin einen Pullover, ein Handtuch, eine Glaskaraffe mit Stöpsel und schritt los, begleitet von den guten Wünschen meiner Mutter. Es war Winter, der Frost war mäßig, etwa minus 15 Grad. Der Weg führte zunächst am Ipalyn-Igai entlang, dann zog er sich auf dem zugefrorenen Fluss dahin und schlängelte sich schließlich durch die Taiga. Die zwölf Kilometer lange Strecke legte ich in gutem Tempo zurück, und schon zeigten sich die Häuser des Großdorfs.

Jetzt überkamen mich Zweifel: Würde es mir gelingen, den Pullover oder das Handtuch anzubringen, oder würde ich mit einer leeren Karaffe zurückkehren müssen? Im Tauschhandel hatte ich bereits alle Schulen hinter mir. Das Gesetz von Angebot und Nachfrage war hier außer Kraft. In dieser gesellschaftlichen Formation herrschten andere Gesetze und Bräuche. Vor allem musste die hier übliche bäurische Etikette gewahrt werden: Mit der Tür ins Haus fallen und die Ware gleich anbieten galt als unverzeihlicher Fauxpas. Vielmehr musste der Handel mit einer Art Vorspiel von leerem Gerede über dies und das angesponnen werden, bis man die Sache selbst vortragen durfte.

Nun hatte ich schon in drei Häusern vorgesprochen, aber als ich nach vielem Hin und Her endlich auf den Kernpunkt zu sprechen kam, hörte ich nur ein mürrisches »Brauch ich nicht!« Im vierten Haus stieß ich auch auf Ablehnung, fing aber einen begehrlichen Blick auf, den die Bäuerin auf den Pullover geworfen hatte, und setzte meine Bemühungen fort. Also wurde das Wetter noch einmal eingehend besprochen, und als ich, auf untrügliche Zeichen gestützt, fest verkündete, dass der Sommer warm und feucht sein werde, was eine gute Ernte erhoffen ließ, zu guter Letzt der Bäuerin ein paar artige Worte über ihr Söhnchen, das da herumtollte, gesagt hatte, wurden wir handelseinig. Ärmer um einen Pullover, aber mit einer Karaffe voll Milch begab ich mich auf den Heimweg.

Bald kam der umgestürzte Baum in Sicht – ein Drittel des Weges hatte ich hinter mir! Da war die gegabelte Birke – nun dürfte der Fluss nicht mehr weit sein. Auf der ebenen, leicht beschneiten Eisdecke ging es sich schneller. Inzwischen war es dunkel geworden, der Frost nahm zu, und der Schnee knirschte bedrohlich unter meinen Tritten. Um die Milch war mir aber nicht bange – das stetige Schütteln bewahrte sie vor dem Einfrieren. Bald führte der Weg ans flache Ufer, und nach einer halben Stunde war ich zu Hause. (Darf ich die elende Hütte, in der wir lebten, unser »Zuhause« nennen?) Ein wenig erschöpft, aber zufrieden, zog ich die Karaffe aus dem Rucksack und hielt sie hin. Beim Anblick der Milch hellte sich Mutters verhärmtes, runzliges Gesicht auf, der Anflug eines Lächelns spielte um ihren welken Mund. Sie fasste die Karaffe und ... ritsch! entglitt sie ihren zittrigen, schwachen Händen ... Die Feuchtigkeit, die sich in der warmen Stube auf die kalte Karaffe niederschlug, mochte sie glitschig gemacht haben. Nie werde ich dieses Bild vergessen: die von einem Petroleumlämpchen schwach erhellte Stube, die kahlen Wände, der grob gezimmerte Tisch, der aus rohen Bohlen gefügte Fußboden mit den Scherben inmitten der ausgeflossenen Milch und das verstörte Gesicht meiner Mutter. Keiner von uns sagte ein Wort; wir blickten uns nur an und schwiegen ... Liebe, gute Mutter! Was du wohl in diesem Augenblick gefühlt haben magst! ... »Wer nie sein Brot mit Tränen aß ...«; aber hatten wir Brot, es mit Tränen zu benetzen? Mein Gedächtnis lässt mich hier im Stich, doch glaube ich, dass wir den »Pajok« damals noch bekamen.

Der große Hunger

Zur Sorge um Nahrung gesellte sich jetzt die Sorge um Brennholz. Ich lieh mir einen Schlitten, eine Axt und einen Strick, stapfte durch den tiefen Schnee in das nächstgelegene Wäldchen, fällte Dürrholz, band die zerkleinerten Stämme auf den Schlitten, legte mich in die Stränge und zog an. Noch war ich kräftig, und es machte mir sogar Vergnügen, meine Muskeln zu beanspruchen.

Etwa um diese Zeit wurde uns allen die schmale Brotration, der »Pajok«, gestrichen. Bisher hatten wir uns mit etwas Milch, seltener mit Kartoffeln, die wir für Kleidungsstücke einhandelten, und der Brotration kärglich nähren können. An Zucker, Fett oder Fleisch wagten wir nicht einmal zu denken – das waren leere Begriffe geworden. Immer deutlicher zeichnete sich das Hungergespenst ab. Einmal gelang es uns gemeinsam mit unseren Mitbewohnern, einem Fischer einen meterlangen Hecht abzuhandeln. Wir teilten ihn redlich in zwei Teile und verzehrten heißhungrig das leicht angegangene, zähe Fleisch. Schließlich gab Mutter den goldenen Trauring her, dafür erhielten wir noch einen Eimer Kartoffeln; sie reichten für eine geraume Zeit. Allabendlich ging ich jetzt die Abfallhaufen ab und sammelte Kartoffelschalen. Mutter hackte sie klein und backte daraus Plätzchen mit bitterem, etwas ätzendem Geschmack. Ab und zu knabberten wir kleine Brocken Pressmischfutter, die wir unweit der Ställe auflasen. Sie waren hart und schmeckten widerlich.

Ganz plötzlich wurde ich von Schwäche befallen: Als ich mich wieder einmal in den Wald begab, um Brennholz zu besorgen, konnte ich nur mit Mühe die Axt schwingen; den nur halb beladenen Schlitten vermochte ich kaum von der Stelle zu bringen. Dann und wann gelang es mir, auf den vereisten Wegen eine gefrorene Kartoffel zu finden. Einmal, als ich wieder erfolglos eine Bäuerin aufgesucht hatte, um für irgendwelches Zeug, das uns noch geblieben war, etwas einzuhandeln, fiel mein Blick auf eine im Flur liegende gefrorene

Kartoffel; ich steckte sie unbemerkt in die Tasche. Ich verfiel zusehends. Nach einiger Zeit konnte ich kaum die Füße heben; ich bewegte mich, den Kopf gesenkt, mit schlurfenden Schritten. Wenn ich auf irgendein Hindernis stieß, und war es auch nur ein niedriger Baumstumpf oder ein quer liegender Ast, so versuchte ich, es zu umgehen; darüber zu steigen fehlte mir die Kraft. Ich strauchelte, fiel hin, erhob mich, fiel bald wieder hin, richtete mich mühsam auf, schleppte mich weiter. In diesem Jahr starb der alte Herr Falikmann, der Vater jenes Baritons, der die »Csardaskavalier«-Arie angestimmt hatte. Er war der Erste, der diesen Gang ging; ihm sollten noch viele folgen.

Als der Frühling kam, fand er uns alle verändert. Während Neugeborene einander zum Verwechseln ähneln und erst später eigene Züge aufzuweisen beginnen, hatte bei uns eine rückläufige Entwicklung eingesetzt: Liebliche und hässliche, zarte und derbe Gesichter verwandelten sich allmählich in stumpfe Masken von entsetzlicher Einförmigkeit; aus den mit fahler, lederner, runzliger Haut überzogenen Schädeln blickten große, dunkel umrandete ausdruckslose Augen, in denen nur hie und da ein Hauch von Leben aufflackerte. Wir waren zu geschlechtslosen Wesen geworden – von den zwei das Leben beherrschenden Trieben war uns nur der Selbsterhaltungstrieb geblieben. Begriffe wie Verlegenheit, Befangenheit, ja Scham hatten ihren Inhalt verloren. Alle waren wir gezeichnet; der Tod saß uns im Nacken, doch keiner wollte es wahrhaben. Ausgemergelt, mit irrem Blick die unwirtliche Gegend nach etwas Essbarem absuchend, glitten wir lautlos aneinander vorbei wie Schemen.

In den letzten Wintermonaten und zu Beginn des Frühlings mehrten sich die Todesfälle. Als erste gingen bejahrte Männer dahin, ihnen folgten alte Frauen; schließlich kam die Reihe an jüngere. Man starb schnell, unerwartet und ohne Leiden. Todesnachrichten wurden ohne Verwunderung und fast teilnahmslos hingenommen. Ich erinnere mich an einen gewissen Schajowicz, einen allein stehenden, hochgewachsenen, adretten Vierziger. In jenem Herbst hatten wir alle unweit des Dorfes Flachs rupfen müssen. Es war ein trockener und sonniger Tag, wir arbeiteten munter; Schajowicz machte fleißig mit und sorgte zugleich mit seinen Späßen und launigen Geschichten für gute Stimmung. »Heute ist der Schajowicz wirklich nett gewesen«, meinte auf dem Rückweg eine unserer Czernowitzerinnen. *Gewesen* . . . »Am Nachmittag hat er sich hingelegt und ist nicht wieder aufgestanden«, berichtete trocken sein Mitbewohner.

Um diese Zeit begann mich ein verstärkter Harndrang zu plagen. Nachts ließ mich der Druck der Blase alle zwei Stunden aufstehen; schlaftrunken taumelte ich vor die Haustür und pisste in den Schnee, fiel danach auf mein hartes Lager und schlief augenblicklich ein. Diese regelmäßig sich wiederholende nächtliche Spritztour ersetzte mir den Wecker: Das vierte Mal kündete den nahen Morgen.

Zwei, drei Familien konnten sich einigermaßen über Wasser halten. Sie hatten das Glück, bei begüterten Bauern einquartiert worden zu sein und waren wohl auch genügend mit Wertsachen, Kleidung und Hausrat versorgt, um mit ihren Wirten Tauschhandel zu treiben.

Die Zahl der Deportierten verringerte sich erschreckend rasch. Der gute alte Herr, der seinerzeit die Verlautbarung unserer 25-jährigen Verbannung mit stoischem Humor aufgenommen hatte, war noch gegen Ende des Jahres gestorben; die Garantie war vorzeitig abgelaufen. Frau Falikmann war ihrem Gatten ins Grab gefolgt; der junge Falikmann, der uns beim Heuwenden mit der Kálmán-Arie so erfreut hatte, stand nun ganz allein da. Er wohnte immer noch in einem kleinen Zimmer bei Bauern, und die Sachen, die ihm von den Eltern verblieben waren, gaben ihm eine Chance zum Überleben.

Wohl auf Betreiben der Bauern, die ihrer lästigen Gäste überdrüssig geworden waren, richtete die Kolchosleitung um die Mitte des Winters für jene Verbannten, die offenkundig nicht mehr lange zu leben hatten, eine Heimstätte ein. Uns wurde ein leer stehendes Haus überlassen, das abgesondert am Ende der Häuserreihe längs des Ipalyn-Igai stand. Ursprünglich war dieser Bau wohl für eine öffentliche Einrichtung, ein Kontor oder ein Klubhaus, vorgesehen gewesen; er bestand aus einem einzigen, sehr großen Zimmer, dessen zwei Fenster auf den Fluss gingen. Man hatte uns sogar – welch herzinnigliches Wohlwollen! – eiserne Feldbetten aufgestellt! Ave Stalin, morituri te salutant! Elf abgezehrte Frauen und Männer, Anwärter auf Charons Dienste, wurden hier untergebracht. Mutter und mir wurde *ein* Bett zugewiesen.

Einmal kam sogar eine freundliche Krankenschwester aus dem

Großdorf Tewris, nach unserem Befinden zu sehen.(Dass es in Stalinka keine Krankenschwester, geschweige denn eine Apotheke gab, braucht nicht besonders erwähnt zu werden.) Als die Reihe an mir war, klagte ich über trockenen Husten, Nachtschweiß und Schwäche, vermutete auch, leichtes Fieber zu haben, hätte aber kein Thermometer... Sie hörte mich teilnahmsvoll an und ermahnte mich – ganz im Sinne von Heines Ballade »Jammertal« – gute und fettreiche (!) Nahrung zu mir zu nehmen. Als sie weg war, lachte ich mir ins Fäustchen. Noch während der Schulzeit hatte ich mir – besonders aus Paul de Kruifs »Mikrobenjäger« – einiges laienhafte Wissen in der Medizin erworben, so dass es mir nicht schwer fiel, Tuberkulose zu simulieren. Dass ich eine gesunde Lunge hatte, wusste ich bestimmt; mir war es nur darum zu tun, im Frühling nicht zur Arbeit getrieben zu werden; jetzt musste ich gemäß dem Befund als »arbeitsunfähig« gelten. Ach! Ich, der damals kaum Fuß vor Fuß setzen konnte, war einfältig genug, noch an die Möglichkeit körperlicher Arbeit zu denken!

Unsere Vorräte waren völlig aufgezehrt, schon lange nährten Mutter und ich uns nur von Kartoffelschalen. Einmal entschloss ich mich zu einem verzweifelten Versuch: Dort, wo der Weg im rechten Winkel zum Ipalyn-Igai abfiel, stand unweit des Flusses ein stattliches Haus, in dem eine allein stehende Bäuerin lebte. Sie war alt, hager und galt als unzugänglich; es hieß, dass ihr Sohn ein wichtiges Amt in Tewris bekleide. Bisher hatte sie alle, die es gewagt hatten, ihr zum Tausch etwas anzubieten, brüsk abgewiesen. Eben dorthin lenkte ich meine Schritte; ich sprach unzusammenhängend, mimte den schüchternen Simpel, meinte, dass das Zeug, das ich ihr anbot, gewiss nicht viel wert sei; schwieg, schlug die Augen nieder. Die alte Bäuerin maß mich von Kopf bis Fuß, stieg in den Keller, holte einen Eimer Kartoffeln hervor und überreichte ihn mir – ich glaube, mehr aus Mitleid als um des Zeugs willen, das ich ihr hinhielt. Als ich mich dankend zur Tür wandte, ermahnte sie mich, nicht mit gesenktem Kopf einherzugehen, es werde schon besser werden. Die guten Worte der alten, strengen Frau flößten mir Mut ein – möge Gott es ihr gelohnt haben! –, und voll Freude brachte ich die unerwartete Gabe nach Hause.

Zu einer schwierigen Aufgabe wurde mir das Rasieren. Ich hatte seinerzeit in der Eile anstelle des meinigen Vaters Gillette-Rasier-apparat ins Gepäck geworfen. Die eine Klinge darin war schon stumpf geworden; man riet mir, sie an der Innenseite eines Wasser-glases zu schleifen: das half. Damit schabte ich mir den Bart wohl über ein Jahr. Später konnte ich, ein Nichtraucher, zwei Schachteln Streichhölzer gegen eine neue Klinge eintauschen. (Den Rasierap-parat gebrauchte ich noch all die Verbannungsjahre hindurch. Jetzt verwahre ich ihn – das Einzige, was mir von Vater geblieben ist – wie eine Reliquie.)

Unterdessen ging der Tod mit dem Stundenglas in unserer etwas überhöhten Gruft um und streckte seinen Arm bald nach diesem, bald nach jenem aus. Schon standen einige Betten frei. Wir waren alle verlaust; niemand scheute sich, nach Nissen oder Läusen zu su-chen. Schließlich wurde man auch dessen müde und kratzte sich nur; dann und wann war ein bezeichnendes Knacken zu hören.

Eines Tages ließ die Kolchosleitung für uns Verbannte das Kolchos-bad heizen. Das war ein so genanntes »schwarzes Bad«: In einem fensterlosen, niedrigen Holzbau wird zwischen Ziegeln, Steinen und Eisenstücken (all dies war wahrscheinlich von weither gebracht worden) ein Feuer angemacht, davor ein Kessel voll Wasser gesetzt. Einen Rauchfang gibt es nicht, und solange das Feuer brennt, ent-weichen der Rauch und das Kohlengas durch die offen stehende Tür. Danach wird die Tür geschlossen: Das Bad ist bereitet. (Die Bezeichnung »schwarzes Bad« rührt von den verrußten Wänden her.) Als ich mich dort nach Monaten nackt sah, schauderte ich: Die Beine waren unnatürlich weit auseinander, unter der schlaffen Haut traten deutlich die Knochen hervor. Ich wusch mich (hatte ich Sei-fe?) flüchtig, um der lähmenden Hitze zu entrinnen; fand mich nach einer leichten Ohnmacht auf dem Boden liegend, warf mir die Klei-der (wenn man diese Lumpen Kleider nennen kann) über und ging »nach Hause«. Ein zweites Mal habe ich dieses Bad nicht mehr auf-gesucht...

Unser kleiner Vorrat an Kartoffeln schmolz dahin. Als ich wieder einmal Holz aus dem nahen Wald brachte, ließ Mutter mich wissen, dass Frau K. Kartoffeln aus unserem Säckchen genommen habe. Frau K., von mir zur Rede gestellt, gestand ihre Schuld. Hatte sie sich nur einmal oder öfter daran vergriffen? Ich fragte nicht danach, es war zwecklos. Ziemlich rau warnte ich sie davor, sich unserem Vorrat auch nur zu nähern.

Neben dem Holzsammeln hatte ich eine weitere Pflicht, und die wurde mir im Winter zur Qual – Wasser holen. Als wir noch bei der Bäuerin gewohnt hatten, hatten wir Wasser aus dem nahen Brunnen geschöpft. Hier mussten wir Wasser aus dem Ipalyn-Igai holen. Die Bauern aus den Nachbarhäusern hatten Stufen in das vereiste, steil abfallende Ufer gehauen, und in ihren Filzstiefeln kletterten sie gewandt darüber. Ich aber hatte meine Mühe damit: Mit zwei linken, glatt besohlten Stiefeln, auf schwachen Beinen, rutschte ich über die vereisten Stufen. Hatte ich den Eimer zur Hälfte gefüllt, so fiel ich, mühsam aufwärts kletternd, allzu oft einige Stufen hinunter und übergoss mich dabei – die Hosen erstarrten im Nu –; stieg wieder hinab zum Fluss, füllte den Eimer, wieder hinauf... O Sisyphus!... Nach dem dritten, vierten Mal gelangte ich endlich, vereist und halb erfroren, nach oben.

Mit unseren Landsleuten, die noch bei Bauern wohnten, hatten wir keinen Umgang mehr. In unserer an die Taiga grenzenden Heimstätte siechten wir dahin, isoliert wie Aussätzige. Jeder lebte und »starb für sich allein«.

Es war gegen Ende April, eines späten Abends. Die meisten waren schon zu Bett gegangen, nur zwei Frauen machten sich beim schwachen Licht des Petroleumlämpchens am Tisch zu schaffen, als wir an der von innen verriegelten Tür ein Pochen vernahmen. Wir horchten auf. Dann von außen: »Lasst mich herein!« Es war die Stimme des jungen Falikmann, jenes Baritons. Niemand rührte sich, niemand sprach ein Wort. Das Klopfen wurde stärker. »Ich bin Falikmann!«, schrie er. »Ich bin Falikmann!«, brüllte, ächzte er und hämmerte mit den Fäusten gegen die Tür. Er war von Sinnen. »Lasst mich herein! Lasst mich herein!«, heulte er in einem fort und hieb auf die Tür ein. Niemand rührte sich, niemand sprach ein Wort. Nach einer Weile wurde es still. Man hat ihn nie wieder gesehen, nie mehr von ihm gehört... Ich will nichts beschönigen und rechtfertige mich nicht. Wer das liest, mag urteilen und richten.

Es war um die Zeit der Aussaat. Einheimische mahnten mich, Kartoffeln anzubauen; die Kolchosleitung wies mir einen brachliegenden Feldstreifen zu. Er hatte auf einem nach Norden sanft abfallenden Abhang gelegen und hatte deshalb wenig Sonne, ein Umstand, den ich damals nicht beachtete. Inzwischen hatten mir Verwandte in Uruguay auf meine Bitte 25 Dollar überwiesen; mir wurden dafür 25 Rubel ausbezahlt. (Hätte ich bloß nicht um Geld, das hier fast wertlos war, sondern um Kleidungsstücke gebeten!) Ich erwarb zwei Eimer haselnussgroße Kartoffeln, grub mein Feld um und brachte die Saat in die Erde. Wie schwer mir diese Arbeit fiel, wie viele Tage ich mich abmühte – das entzieht sich jeder Beschreibung; von unseren Landsleuten machte sich sonst keiner daran.

Kartoffeln waren jetzt leichter zu erstehen; die Bauern hatten ihre Kartoffelfelder bereits bestellt, das Vieh graste auf den umliegenden Wiesen und bedurfte schon keines zusätzlichen Futters mehr, und von der knappen, sorgsam gehüteten vorjährigen Ernte war noch ein Rest übrig geblieben. Für Mutters zwei seidene, mit Spitzen besetzte Nachthemden, die ich als Ballkleider anpries, konnte ich einige Eimer Kartoffeln erwerben. Die Einheimischen, die da so ihre Erfahrungen hatten, rieten uns, auch Brennnesseln und Quecken nicht zu verschmähen. So gingen wir wie das Vieh zu Grünfutter über. Längs der Zäune wuchsen diese Gräser üppig, und Mutter kochte daraus unter Beigabe von einer Kartoffel eine »Gemüsesuppe«.

Die Nöte des Winters hatten wir überstanden, nun sollten wir auch die Plagen des sibirischen Sommers kennen lernen. An unserem Haus war kein Flur vorgebaut, und aus dem ebenerdigen Zimmer schritt man unmittelbar in die Taiga. Sooft die Tür geöffnet wurde, drang ein Schwarm Mücken herein und fiel blutdürstig über uns her. Als Brennholz verwendeten wir jetzt Reisig, das ich in der Taiga sammelte und in Bündeln nach Hause schleppte. Einige Male stieß ich auf wilde Himbeersträucher und verschlang gierig die Beeren; sie waren klein und verkümmert, aber immerhin: etwas Zucker und Vitamine.

Meine Kartoffelsaat war gut aufgegangen, und im Juli häufelte ich – wie schwer mir das Hackmesser in den schwachen Händen lag! – die hoch aufstrebenden Triebe. Ich arbeitete stockend, bog mich alle paar Minuten gerade, strich mir den Schweiß von der Stirn, von den Augenbrauen, wischte mir das Blut mitsamt den Stechmücken vom Nacken. Die Hoffnung auf eine gute Ernte ließ mich alle Qual vergessen.

Von unseren Landsleuten wurde niemand mehr zur Arbeit angetrieben. Auch der Kommandant ließ sich nicht blicken; es gab für ihn nichts mehr zu tun: Mehr als zwei Drittel der Deportierten waren auf ihre Weise der Verbannung entwichen – über ihnen wuchs schon Gras; von den Übrigen waren einige, Bessergestellte, schon im fortgeschrittenen Alter, die anderen, jüngeren, standen mit einem Fuß im Grabe.

Schließlich wurden auch die letzten Kartoffeln, die ich eingehandelt hatte, alle; jetzt gab es nur noch Brennnesseln und Quecken.

Der September rückte heran und mit ihm die Zeit, Kartoffeln zu graben. Mit Spaten, Sack und Eimer begab ich mich auf mein Kartoffelfeld, hob das erste, das zweite Häuflein aus ... Ach, an mir hatte sich das Sprichwort »Der dümmste Bauer hat die größten Kartoffeln« nicht bewahrheitet: Meine Kartoffeln waren zwar größer als Bohnen, aber gewiss kleiner als Walnüsse. Alles was ich ausgraben konnte, auch winzige Knollen kratzte ich heraus, ergab zwei Eimer – ebenso viel hatte ich im Frühjahr gesetzt. Erst später begriff ich, ein in der Landarbeit unerfahrener Städter, warum meine Kartoffeltriebe so schön in die Höhe geschossen waren (ich hatte mich darüber so gefreut!): Sie streckten sich vergeblich zur Sonne.

Der verregnete Sommer brachte aber nicht nur mir, sondern auch den Bauern eine schlechte Kartoffelernte. Wieder wurden Kartoffeln rar; für Geld waren sie kaum käuflich, und nur im Tauschhandel gelang es hin und wieder, einen Eimer davon zu erstehen. Mutter und ich besaßen fast nichts mehr an Kleidungsstücken, die man hätte entbehren können. An guten Sachen waren uns nur die mollige Steppdecke und ein großes Polster geblieben; die mussten wir behalten, wenn wir nicht erfrieren wollten.

»Mama …!«

Der Oktober war gekommen, es ging auf den Winter zu, den zweiten Winter, den wir hier, fern von unserer Heimat, in Kälte und Hunger verbringen sollten. Mutter gedachte oft unseres Vaters. »Gott wird ihm helfen«, sprach sie oft vor sich hin, »er hat viel Gutes getan, seine Eltern geehrt und unterstützt, für das Altersversorgungsheim gespendet…« Ach, zu dieser Zeit war mein teurer Vater schon nicht mehr. In den fünfziger Jahren, als ich bereits in Teguldet lebte, habe ich endlich auf meine Anfragen hin den Bescheid erhalten, dass mein Vater am 27. Dezember 1941 in Dolinskoje (Sitz des berüchtigten Arbeitslagers Nr. P23 – 246, bekannt unter dem Namen »KarLag«), einem Ort bei Karaganda in der Kasachischen SSR, verstorben sei… Todesursache: »Herzinsuffizienz« – das übliche Hüllwort für »Mord«. Lieber Gott, nimm die Seele meines unschuldigen Vaters in Dein Reich auf!
Irgendwie hatte ich noch einen Eimer Kartoffeln beschaffen können, und davon zehrten Mutter und ich, sorgsam jede Knolle in der Hand wiegend. In unserer Heimstätte herrschte dumpfes Schweigen. Unsere Mitbewohner – ich glaube, es waren nur sieben oder acht Frauen geblieben – ließen selten ein Wort fallen. Worüber sollte man schon reden? Schließlich verlangte auch das Artikulieren einen Aufwand an Energie…
Es war am 5. Oktober, als ich nachts meine Mutter im Schlaf ächzen hörte; ich griff nach ihrer Hand, fühlte den Puls: Er war schwach und setzte oft aus. Am Morgen sah ich Mutter mit offenen Augen liegen, sie röchelte. »Mama!« schrie ich; keine Antwort, nur Röcheln. Wilde Angst ergriff mich. Eine der Frauen sagte, man müsse ihr Rum einflößen, Herr G. habe welchen. Ich sprang hinaus, lief die Häuser entlang, rief G. zu: »Meine Mutter stirbt!«, rannte wieder zurück. Meine Mutter lag still, die Augen offen – sie war tot. In ihrer letzten Minute hatte ich sie allein gelassen…

Ich strich die grauen Haare zurück, die wirr über Mutters Stirn hingen; streichelte die eingefallenen Wangen, weinte still vor mich hin. Ich war wie gelähmt, wusste nicht, was tun. Herr G. und noch irgendjemand traten herein: Ich müsse im Kontor einen Sarg bestellen. Drei oder vier Stunden vergingen, ich saß in mich versunken meiner Mutter zu Füßen. Mein Kopf war schwer, ich konnte keinen klaren Gedanken fassen. Als ich einmal aufblickte, bot sich ein Anblick, der mir das Blut in den Adern gefrieren ließ: Über Mutters Hemd krabbelten Scharen von Läusen, die aus ihren Schlupfwinkeln am erkalteten Körper hervorgekrochen waren ... Dieser 6. Oktober 1942 pocht in meinem Herzen.[24]

Ich ging ins Kontor. Für den Sarg müsse ich Nägel beschaffen, verlangte man dort; das war leicht gesagt, da es doch keinen Laden gab. Ich ging die Zäune entlang, und mit klammen Fingern drehte, zerrte ich eine Hand voll verrosteter, krummer Nägel aus den Latten. Am nächsten Tag wurde meine Mutter bestattet. Ein abgezehrter Gaul zog den Wagen, auf dem der Sarg lag. Ungefähr zehn Landsleute waren gekommen, meiner Mutter das letzte Geleit zu geben. Der Sarg wurde ins Grab gesenkt (den Bauern, die es gegraben haben, sei Dank!), mit Erde zugeworfen. Kein Mal, nicht einmal ein Stecken hat die Stelle bezeichnet: Ich war unfähig zu denken, die anderen waren abgestumpft.

Mutter war die Letzte, für die ein Sarg gezimmert wurde: es fehlte an Brettern und Nägeln; die ihr folgten, wurden, in ein Leintuch gehüllt, ins Grab gesenkt.

Heute liegt das Dorf, wo Mutter in fremder Erde ihre letzte Ruhestätte gefunden hat, verödet; die Taiga wuchert über den zerfallenen, morschen Häusern, über Mutters und anderer Unglücklicher Gräbern.

Nach dem Begräbnis wankte ich nach unserer »Heimstätte«. Ich fand mich verlassen: Die Mitbewohner waren aus diesem Unglückshaus ausgezogen. Ich fiel ins Bett, zog mir die Decke über und schlief vor Erschöpfung und seelischer Erschütterung ein. Es war wohl ein lethargischer Schlaf: Ich schlief drei Tage und drei Nächte hindurch. Einige Male konnte ich durch die halbgeschlossenen Lider Gestalten wahrnehmen; sie kamen geräuschlos ins Zimmer, warfen einen scheuen Blick auf mich, dann holten sie aus meinem Vorratssäckchen Kartoffeln heraus und verschwanden. Ich erkannte jede einzelne von ihnen, doch war ich nicht imstande, mich zu rühren oder auch nur ein Wort zu sagen. Am vierten Tag erhob ich mich. Die Stube schien ungewöhnlich hell. Ich blickte hinaus: Auf der Erde lag frisch gefallener Schnee. Es war kalt; ich fror und warf mir den Mantel über. Dann ging ich schwankend von Haus zu Haus, wo meine »Erben« wohnten, und holte mir meine Kartoffeln wieder. Keiner wagte eine Widerrede; sie starrten mich an wie ein Gespenst.

Ich fühlte schon seit längerem ein lästiges Brennen am Körper; ich zog mich aus (was ich schon seit Monaten nicht getan hatte) und besah mich: An den Fußknöcheln, in den Achselhöhlen, vereinzelt auch an den Hüften eiterten kleine, schwärzliche Wunden. Ich kleidete mich wieder an und machte mir weiter keine Gedanken darüber. Es war mir ja nur darum gegangen, die Ursache meines Unbehagens festzustellen. Dass die Wunden mit dem Hunger zusammenhingen, war offenbar; sie zu behandeln oder auch nur zu desinfizieren hatte ich ohnehin keine Mittel. Ich wurde mir auch nicht bewusst, dass dieses Gebrechen ein recht böses Anzeichen war, vielleicht lebensgefährlich sein konnte. Die Beziehung zwischen Ursache und Folge war in meinem Denkvermögen schon verwischt. Eine völlige Apathie hatte sich meiner bemächtigt; alle Gedanken kreisten immer um ein und denselben Punkt – essen, essen; was außerhalb dieses Begriffs lag, war belanglos. (Die Wunden verheilten allmählich; nach einigen Monaten waren sie vernarbt, hinterließen jedoch scharf umgrenzte dunkle Flecken. Im Laufe der Zeit verschoben sich die Flecken an den Fußknöcheln sonderbarerweise nach oben. Heute, nach fünfzig Jahren, sind sie, fast verblichen, an den Waden noch wahrnehmbar.) Ich erhielt unerwarteten Besuch. Herr G. erkundigte sich nach meinem Befinden, dann machte er sich erbötig, den größeren meiner zwei Koffer zu kaufen. »Sie brauchen ihn ja sowieso nicht mehr«, fügte er mit gewinnender Offenherzigkeit hinzu, als er mir dafür ein paar Rubel einhändigte. Die Frauen, die mit uns in der Unterkunft gelebt hatten, waren wieder bei Bauern aufgenommen worden. Auch ich verließ diese unheilschwangere Stätte und zog zu einer Bäuerin, die so barmherzig war, mich nicht abzuweisen.

Es klingt ketzerisch, ist aber wahr: Meine Mutter hat mir zweimal das Leben geschenkt – das erste Mal, als sie mich gebar, das zweite Mal, als sie starb: Für Mutters Mantel und andere Kleidungsstücke konnte ich einige Eimer Kartoffeln erstehen; zweimal am Tag kochte ich einen halb vollen Topf davon – das war viel.

Die Vorbereitung der Mahlzeit und ihr Einnehmen gestalteten sich zu einem besonderen Ritual: Sobald die Knollen zu Brei zerkocht waren, setzte ich den Topf auf ein an der Außenwand des Hauses angebrachtes Brett, damit die kalte Winterluft mein Essen schneller kühle. Dann schlenderte ich vor dem Haus auf und ab, dachte an dies und das, und während das Unterbewusstsein mir neckisch den Brei vorhielt und meine Phantastereien Lügen strafte, bemühte ich mich krampfhaft, meine Gedanken vom kommenden Schmaus abzulenken: Ich addierte Zahlen, deklamierte Gedichte, zählte meine Schritte. Nach etwa einer Viertelstunde hielt ich den Moment für gekommen: Ich warf die gespielte Gleichgültigkeit ab, begab mich ins Haus, setzte mich umständlich bequem und begann das Mahl: Behutsam führte ich den Löffel an der Innenwand des Topfes entlang und schälte einen schmalen Streifen Brei heraus. Das waren köstliche Minuten! Oh, wie ich den Topfboden verfluchte, sobald er sichtbar wurde! Schließlich hatte ich alles weggeputzt, den Löffel abgeleckt, den Topf abgewaschen. Beschlossen wurde das Zeremoniell mit einem schlichten Sprüchlein, das ich vor mich hin murmelte: »Voll ist der Bauch und freut sich auch.«

Ade, Stalinka!

Ende 1942 wurde eine Verfügung erlassen, wonach Verbannte mit Fachbildung die Kolchose verlassen und nach dem Rayonszentrum, dem Großdorf Nowo-Wassjugan, ziehen durften. Es war, als hätte sich vor mir in diesem schrecklichen KZ ohne Stacheldrahtumzäunung ein unsichtbares Tor aufgetan. Mit Herrn Beiser, einem kräftigen Vierziger, der zu den Begüterten gehörte, machte ich mich auf den Weg. Auf einen kleinen Schlitten band ich meine Habe – den halb leeren Koffer, die Decke, das Polster – und wir zogen los. Ade, Stalinka, Ort des Schreckens und des Grauens! Ade, meine Mutter in der stummen und wilden Taiga! Ruhe in Gott!

Der Weg führte durch die längs des Wassjugan flussaufwärts gelegenen Dörfer; je nach der Entfernung dazwischen legten wir täglich 15 bis 20 Kilometer zurück. Mit jedem Schritt entfernten wir uns weiter von Stalinka, und das verlieh uns Kraft und Mut. Wir übernachteten bei Bauern, und da Herr Beiser mit Geld versorgt war, fanden wir immer gute Unterkunft. Die Namen einiger Dörfer habe ich noch im Gedächtnis behalten: Kalganak, Tscheremschanka, Aipolowo. Insgesamt dürften wir etwa 150 Kilometer zurückgelegt haben, als wir endlich in Nowo-Wassjugan ankamen.

Zu jener Zeit war Nowo-Wassjugan das Verwaltungszentrum des Wassjuganer Rayons (der jetzt dem Rayon Kargassok angegliedert ist); hier befanden sich das Rayonsparteikomitee und das Exekutiv-(Verwaltungs-)Komitee; es gab eine Apotheke, eine Schule, eine Friseurstube, Holzindustrie- und Holzwirtschaftsbetriebe, eine Badeanstalt und sogar ein Kino. Ich meldete mich beim Kommandanten, einem stämmigen Milizoffizier. Er teilte mich einem Betrieb zu, auf dessen Aushängeschild »Promkombinat« (»Industriekombinat«) zu lesen war. Der so großspurig betitelte Betrieb erwies sich als eine Tischlerei/Schlosserei, in der Kriegsbeschädigte und Dienstuntaugliche Hocker, Bänke, Fensterrahmen und dergleichen herstellten.

Hier wurde ich als Normensachbearbeiter eingestellt, und der rückständige Kolchosbauer verwandelte sich in einen klassenbewussten Beamten.[25] Diese Änderung meines gesellschaftlichen Status brachte mir ein kleines Gehalt und – was am wichtigsten war – das Anrecht auf eine Brotration (500 Gramm) ein. Ich hatte die Selbstkosten und die Verkaufspreise für den Betrieb zu kalkulieren, und da mir dafür Anleitungen und Tabellen zur Verfügung standen, konnte ich mich schnell einarbeiten. Nach dem in Stalinka Erlebten, das mich noch jetzt in Angstträumen heimsucht und auffahren lässt, schien mir die Arbeit im Kombinat, wo ich im Vorraum der Werkstatt an einem Tisch sitzen durfte, geradezu paradiesisch – wenn nicht der Hunger gewesen wäre, der mich auch hier plagte. Kartoffeln waren kaum aufzutreiben, andere Lebensmittel umso weniger, und ein halbes Kilo Brot konnte den nagenden Hunger nicht stillen. Als Wohnstätte wurde mir ein unbewohntes, baufälliges Häuschen am Dorfrand zugewiesen. Im einzigen Zimmer standen ein Bett, ein Tisch, ein Hocker – mehr brauchte ich nicht. In einer Ecke lag allerlei Gerümpel, darunter auch Spiegelscherben: Jetzt konnte ich mich luxuriös rasieren.

Das Jahr 1943 sollte mir zu einem anstrengenden Wanderjahr werden. Im Januar musste ich mit einer Schlittenkarawane, die Waren führte, nach dem Dorf Sredni Wassjugan gehen, um die Formalitäten bei der Warenauslieferung und -annahme zu erledigen. Unsere Karawane aus sechs schwer beladenen Schlitten zog zunächst längs des Wassjugan flussabwärts durch die mir schon bekannten Dörfer. Die drei Treiber hatten ihre langen Zügel an die Schlittenstangen gebunden und schritten je einer an der Spitze, in der Mitte und am Ende des Zuges hinter den Schlitten. Die Witterung war freundlich: Windstill, nur mäßiger Frost, und vom Himmel strahlte die Sonne auf die grenzenlos weite Schneedecke. Die Pferde gingen im Schritt; hinter einem der Schlitten stapfte ich, die Augen unverwandt darauf gerichtet, denn das blendende Weiß war unerträglich. Der Weg führte größtenteils durch ebenes, freies Gelände, nur selten passierten wir ein lichtes Wäldchen. Ich schritt, schritt, schritt ... Wenn ich mal groß musste, trat ich zur Seite und hockte mich in den Schnee; zu lange aber durfte ich mich nicht aufhalten, sonst lief ich Gefahr, hinter der Karawane zurückzubleiben.

Wir hatten einen Weg von 200 Kilometern vor uns; täglich legten wir 20 bis 35 Kilometer zurück, machten Station in Dörfern, übernachteten in Herbergen. Am beschwerlichsten war einer der letzten Abschnitte: Hier mussten wir ein etwa 50 Kilometer großes, zugefrorenes Sumpfgebiet überqueren; eine Zwischenstation gab es nicht. Die letzten Kilometer taumelte ich halb bewusstlos dahin; wäre ich vor Erschöpfung umgesunken, so hätten die Treiber sich wenig um mich gekümmert, zumal schon die Dunkelheit hereingebrochen war und mein Fehlen kaum aufgefallen wäre. Neben den Schrecken Stalinkas ist dieser 50-Kilometer-Marterweg mir als furchtbarste physische Beanspruchung im Gedächtnis geblieben.

In Sredni Wassjugan durften wir zwei Tage rasten, dann sollte die Rückfahrt angetreten werden. Ich machte mir die Pause zunutze, um Eduard Perlstein, meinen lieben, guten Czernowitzer Freund, aufzusuchen. Edi – so nannten wir ihn – war mit seinen Eltern und anderen Verbannten in Sredni Wassjugan, der ersten Station unseres Leidenswegs, ausgesetzt worden. Die Lebensbedingungen waren hier etwas besser als in den flussaufwärts gelegenen Verbannungsorten, wenn man dabei von »besser« sprechen kann. Hier gab es einige Werkstätten und sogar eine Speisegaststätte, die allerdings bald geschlossen wurde.

Ich machte Edi ausfindig in einer ärmlichen Hütte, die ihm und seiner Mutter als Behausung diente; der Vater, Apotheker von Beruf, war schon dahingesiecht. Edi arbeitete als Geselle in einer Schmiede, und sein kleines Gehalt ermöglichte ihm und seiner Mutter, kümmerlich das Leben zu fristen. Ich brachte gefrorene Fische mit, die ich auf dem Weg gekauft hatte, und Frau Perlstein kochte daraus eine köstliche Fischsuppe.

Edi hatte Pharmazie in Prag studiert, übte aber seinen Beruf nicht aus: Er hatte sich der deutschen Sprache verschrieben. Er war begabt, die Muse küsste ihn oft; sogar wenn wir zusammen flanierten, improvisierte er manchmal kleine Epen, in denen er die Begebenheiten des Tages, unsere Beziehungen zueinander launig kommentierte. Dabei waren die Reime nicht etwa holprig oder stumpf, sie waren flüssig und gehaltvoll.

Oft kamen wir, damals junge Männer und Mädchen, in geselligem Kreis zusammen. Der gute Wein und die schönen Mädchen brach-

Abb. 6: »Ihr bringt mit euch die Bilder froher Tage ... «. Adolf Brandstein (mein ehemaliger Schulkollege), Stella Wildmann, Eduard Perlstein, Ruth Baltinester und der Verfasser (v. r. n. l.) in Czernowitz; im Hintergrund das Stadttheater (dreißiger Jahre)

ten unser junges Blut in Wallung. Bald dieser, bald jener wusste mit einer lustigen Geschichte, einer Anekdote, mit neckischen Anspielungen oder mit dem neuesten Klatsch Lachsalven auszulösen. Aber nach und nach verstummten die Übermütigen, und nur *eine* Stimme beherrschte den Kreis: Edi erzählte. Seine drolligen Geschichten, seine spaßigen, geistreichen Schwänke hätten – wären sie erhalten geblieben – ein neues Dekameron ergeben können. Edi erzählte; seine schwarzen Augen glühten, ein bewegliches Mienenspiel begleitete den Vortrag, von Prosa sprang er auf Verse über, dann wieder auf Prosa.

Edi war aber nicht nur ein blendender Plauderer; er arbeitete damals auch an einem historischen Roman und einer Gedichtsammlung...
Sein Ende war tragisch: Auch er wurde ein Opfer des unmenschlichen Regimes. Bald nach dem grauenvollen Tod seiner Mutter – sie war bei einem Brand in ihrer Hütte umgekommen – starb auch er, mittellos, elend und abgezehrt, an einem Hirntumor.

Von seinem Werk ist nur ein Vierzeiler erhalten geblieben. Edi hatte ihn seinerzeit einer seiner Freundinnen als Widmung auf ein Rilke-Bändchen geschrieben. Das Bändchen geriet mitsamt seiner Besitzerin – wohin denn? – nach Sibirien; nach ihrem Tode fiel es Margit F. zu; sie hat mir den Vierzeiler abgeschrieben. Hier sollen diese Zeilen, versehen mit Edis Unterschrift und dem Datum, stehen:

> Erleben wird dir zum Erfahren,
> wenn aufgetan den Dingen du dich gibst.
> Statt zu erwägen, musst du wagen;
> wahr sind wir nur – wenn wir uns nicht bewahren.[26]
>
> Edi P.
> 17/X 1939

Alles andere ist unwiederbringlich verloren. Wird sein Tod je gesühnt werden?

In memoriam Eduard Perlstein

Zwei Schwänke aus »Perlsteins Erzählungen«, die mir im Gedächtnis geblieben sind, versuche ich hier wiederzugeben. In ihnen erscheint eine in Edis Schwänken oft auftretende Gestalt – der in Prager akademischen Kreisen damals bekannte ewige Student K., den die Natur mit nicht allzu reichen Geistesgaben bedacht hatte. K.s drollige Abenteuer sind allerdings nur Edis überschäumender Phantasie entsprungen.

Der Pulverturm

Es war um die Fastnachtszeit. Wir hatten die Prüfung in anorganischer Chemie hinter uns gebracht und dieses Ereignis in unserem Stammcafé reichlich begossen. In feuchtfröhlicher Stimmung bummelten wir nun durch das nächtliche Prag. Ach, diese Prager Mädchen! Diese gertenschlanken, geschmeidigen, sportlich gestrafften Gestalten und die vergnügten, blanken Augen!
In ausgelassener Laune und ein wenig benebelt schlenderten wir durch die engen Gässchen der Altstadt. Am Himmel stand der Vollmond und überstrahlte die matte Straßenbeleuchtung. »Mondbeglänzte Zaubernacht«, beschwor Paul verzückt die Tiecksche Märchenwelt. Im Schatten der gotischen und barocken Bauten, deren Erker krause, mit seltsamen Inschriften versehene Ornamente zierten, schien die Wirklichkeit vor uns zurückzuweichen. Ein Maskenzug – Ritter, Knappen, Edelfrauen –, der lärmend und johlend aus einer Toreinfahrt hervorbrach, ließ vollends in unserem getrübten Bewusstsein die Vergangenheit wach werden. Wir wären nicht bass erstaunt gewesen, wenn ein Fähnlein grimmiger Landsknechte unseren Weg gekreuzt hätte oder gar der Rabbi Löw und sein Golem

aus dem Dunkel hinter einem Mauervorsprung mit schleppenden Schritten uns entgegengetreten wären.

K. hatte sich wie immer uns angeschlossen. Wir hatten uns an diesen Kauz schon gewöhnt; er rauchte seine obligate billige Zigarette und versuchte, sich in unsere Plaudereien zu mischen, warf dann und wann einige Worte ins Gespräch, aber sie gingen im Lärm unter. Der lästige, ätzende Rauch, der von K.s Zigarette ausging, war uns schon immer zuwider gewesen, und diesmal konnte Paul, dieser Satansbraten, seinen Unmut nicht zurückhalten. Er sprang vor und riss dem Schmöker die Zigarette aus dem Mund. »Wa-a-s erlaubst du dir?«, schrie K. auf, mehr verwundert als erbost. Paul wies auf ein schmales, hohes Gebäude, das, mit einem steilen Walmdach gekrönt, sich über die Nachbarhäuser erhob. »Hier, ganz in der Nähe des Pulverturms[27] – und rauchen?!« versetzte Paul und zeigte sich entrüstet. »Willst du uns allen Verdruss bereiten? Ein Glück, dass uns kein Wachmann bemerkt hat, sonst…« K. war bestürzt. Er blickte unsicher zu uns – wir hatten Mühe, das Lachen zu unterdrücken –, dann auf den Pulverturm. Man konnte ihm ansehen, wie schwer ihn der Vorwurf getroffen hatte. Schweigsam, in sich gekehrt, ging er neben uns her.

Es waren wohl drei Wochen verflossen, und wir hatten den ulkigen Vorfall schon vergessen, als uns auffiel, dass K. sich schon zwei Tage in unserem Café nicht hatte blicken lassen. War er krank? Einer von unserem Stammtisch, den wir nach K.s Bude beordert hatten, kam verstört zurück: K. sei schon zwei Tage nicht nach Hause gekommen… Wir waren betroffen – was tun? Seine Eltern in Suceava[28] benachrichtigen? Sich an die Polizei wenden? Diese Gedanken fuhren uns durch den Kopf – als die Tür aufging, und herein stürzte K. Er war bleich, die Haare hingen ihm in die Stirn. »K.! Lieber, guter K.!«, riefen wir wie aus einem Munde. »Wo in aller Welt bist du gewesen? Was ist los?« K. ließ sich erschöpft auf einen Stuhl fallen, schwieg eine Weile, strich sich das Haar aus der Stirn und begann stockend: »Also,… am Donnerstag… bin ich ein bissel spazieren gegangen,… hab auch bei Pospichal Fressalien kaufen wolln… Geh am Pulverturm vorbei, und was seh ich?… Ein dicker Tschech kommt mir entgegen mit einer brennenden Zigarre im Maul!… Ganz nah beim Pulverturm!… Ich – ein Sprung, reiß ihm die Stin-

kadores aus der Fresse, hab sie zertreten... Er... er fängt an, mit die
Hände zu fuchteln, und schreit – auf tschechisch; versteh kein Wort
und zeig auf den Pulverturm... Er schreit, winkt... Kommt ein
Wachmann und bringt mich auf die Polizei. Nu, ich hab ihnen alles
erklärt; sie ham mich Gott sei Dank gut verstanden... Und da kommen noch zwei Männer in weißen Kitteln und beginnen, mir dum-
me Fragen zu stellen – wie alt ich bin, wie viel 217 mal 303 ist, ob
ich alle Sterne gezählt hab... Zwei Tage ham sie mich nicht hinaus-
gelassen, dann ham diese Blöden gesagt, ich soll mich nicht aufre-
gen, ich soll länger schlafen und ham mir a Zuckerl gegeben...«

»Es« explodiert ...

K. war Mädchen gegenüber mehr als zurückhaltend, er war enthalt-
sam wie ein Kastrat. Nun, diese Tugend wollten wir ihm vergällen.
Eines Abends saßen wir an unserem Stammtisch; ich überflog die
Zeitung, und dann – wie verabredet – hob ich an: »Also wieder so
ein Fall...« – »Was du nicht sagst! Und... explodiert?«, fragte Leo,
mein Gegenüber. »Leider«, versetzte ich. »Glücklicherweise ohne
Opfer abgelaufen. Zwei Passanten sind leicht verletzt worden:« –
»Und er?« – »Ins Krankenhaus eingeliefert, aber es bestehe keine
Gefahr für sein Leben, heißt es«, gab ich zur Antwort.
»Wovon sprecht ihr?«, wollte K. wissen. »Ach, das wird dich doch
nicht interessieren«, lenkte ich mit gespielter Verlegenheit ab. –
»Aber doch, warum verschweigt ihr mir alles? Was tut ihr immer so
geheim?«, entrüstete er sich. Ich wehrte ab: »Nein, bitte, das kön-
nen wir dir nicht sagen...« Beleidigt wandte K. sich ab.
Zwei Tage darauf wies ich, die Zeitung in der Hand, auf eine Notiz.
»Die Sache fängt an brenzlig zu werden... Diesmal in der Elektri-
schen...« – »Derselbe Fall?«, fragte Leo mit dumpfer Stimme.
»Genau«, sagte ich gedehnt. – »Eine starke Explosion?« Leo stellte sich besorgt. – »Der Schaffner und zwei Fahrgäste sind am Gesicht und an den Händen verletzt worden. Einige Scheiben sind
geborsten...« – »Und der Mann?« – »Mit schwerer innerer Blu-
tung ins Krankenhaus gebracht...«

K. hatte gespannt zugehört. »Ihr müsst mir endlich sagen, um was es geht«, unterbrach er hitzig unser düsteres Schweigen, »das ist einfach gemein von euch, mich so zu behandeln! Das heißt nicht Freund sein!« K. sprach erregt. Wir ließen ihn noch ein wenig auf uns einreden, dann gab ich nach. »Nun gut, wenn du es durchaus wissen willst: Also, durch ständige Enthaltsamkeit, du wirst schon verstehen, was ich meine, sammelt sich ... äh ... im Glied dieser ... äh ... Saft an; der Druck wächst, na und dann ..., dann kommt es manchmal zu einer Explosion ...«, klärte ich ihn auf. – »Na, das ist ja Blödsinn, was du da redst, das kann doch gar nicht sein«, wendete K. ein. – »Ach so, du willst es nicht glauben?«, fuhr ich ihn an. »Dann lies bitte die Zeitung und überzeuge dich mit eigenen Augen!« Ich hielt ihm die »Lidové Noviny« hin und zeigte auf eine Notiz (Tschechisch verstand er nicht). »Kannst unsere Wirtin fragen, die mag dir's übersetzen«, sagte ich gleichmütig. K. schien betreten; unsere Worte hatten sichtlich Eindruck auf ihn gemacht.
Abends pflegte K. vor dem Schlafengehen das Nachtgeschirr zu benutzen. Diesen Umstand machten wir uns zunutze. Am nächsten Abend, als K. in ein Vorstadtkino gegangen war, schütteten wir Brausepulver in das heikle Gefäß, gingen zu Bett und stellten uns schlafend. K. kam gut gelaunt nach Hause. »A scheener Film«, murmelte er mit verklärtem Gesicht und dehnte behaglich die Glieder. Dann zog er sich aus, holte das Töpfchen hervor, und da – ein Zischen, darauf ein wilder Schrei! K.s Stimme überschlug sich. Wir sprangen aus den Betten. »Abzwicken – das kann ihn retten!«, brüllte ich. – »Die Zange her!«, schrie Leo. K. klappte lautlos um. Es dauerte eine Weile, bis K. wieder zu sich kam und wir ihn beruhigen konnten.

Wir hatten unsere Ladung abgeliefert, neue Waren aufgeladen und traten die Heimfahrt an. Hin und zurück je 200 Kilometer; wir haben sie in zwei Wochen zurückgelegt. Der Rückweg fiel mir leichter: Das, was uns am häufigsten Bange macht – das Unbekannte, Ungewisse –, bedrückte mich nicht mehr.
Wie war es möglich, dass ich, mit einem ungefütterten Mantel bekleidet, eine leichte Skimütze übergestülpt, die zwei linken Stiefel schon fast durchgelaufen, vom Hunger entkräftet, all diese Mühsal ertragen und der sibirischen Kälte standhalten konnte? Ich glaube,

Abb. 7: Nowo-Wassjugan: das Krankenhaus (Mai 1954)

die Psyche des Menschen verfügt über einen »eisernen Vorrat« an seelischen Kräften, den sie sorgsam hütet und nur in Zeiten höchster Not freisetzt. Schwingt sich nicht eine junge Mutter, die nie Sport getrieben hat, im Nu über einen meterhohen Zaun, um ihrem Kindchen, das ein Hund angefallen hat, zu Hilfe zu kommen? Setzt nicht ein schwerfälliger Mann, auf den ein Stier losgeht, zu einem Spurt an, der einem trainierten Läufer Ehre machen würde? In meiner kritischen Lage bewirkte dieser »eiserne Vorrat« ein besonderes Verhalten: Mein Denken und Fühlen wurde abgeschaltet, mein Tun auf mechanischen Ablauf umgestellt: Fuß vor Fuß setzen, Fuß vor Fuß setzen... Die ganze Karawane – Schlitten, Treiber und ich – war zu *einem* Organismus geworden, der unablässig vorwärts krabbelte, und an dieser kafkaesken Riesenassel war ich nur eines der Beinchen...

Von meiner eintönigen Arbeit im »Kombinat« habe ich einen bezeichnenden Vorfall im Gedächtnis behalten: Eines Tages fand sich ein hochrangiger, sichtlich nicht an Unterernährung leidender Parteibonze ein und bestellte einen hölzernen Ständer für seine Petroleumlampe. Der Drechsler, an den ich den Auftrag weiterleitete, machte mich darauf aufmerksam, dass für Bestellungen nach Kundenwünschen ein höherer Lohnsatz vorgesehen war. Natürlich war ich bereit, meine Solidarität mit dem Proletariat zu bekunden, fand in meinen Tabellen und Anleitungen entsprechende Vorschriften und setzte den Preis des sorgfältig gearbeiteten Ständers auf sechzehn Rubel fest. Großer Gott! Was da losging, als ich unserem Prominenten den Preis nannte! Was ich mir erlaube, ob ich bei Sinnen sei, schnauzte er mich an. Ich stammelte etwas von Bestellungen nach Maß, was ihn vollends zur Weißglut brachte; er brüllte so laut, dass die Scheiben klirrten. Mir schwante schon Stalinka oder Schlimmeres... Schlotternd senkte ich den Preis auf sechs Rubel; der Bonze nahm die Quittung und den Ständer in Empfang, warf mir noch einen vernichtenden Blick zu und verzog sich. Diesmal war ich glimpflich davongekommen, aber dieser Vorfall sollte mir eine Lehre sein: Im Umgang mit unseren Partei-Granden ist Vorsicht geboten.

Ende Februar wurde ich in das Exekutivkomitee bestellt. Eine solche Visite verhieß nichts Gutes, aber überraschenderweise wurde ich freundlich aufgenommen. Ob ich bereit wäre, eine Dienstreise in den Nachbarrayon nach Pudino zu unternehmen, wollte man wissen. Dort sei es einem Verbannten gelungen, eine Werkstatt für Papiererzeugung einzurichten; ich möge mich an Ort und Stelle mit der Technologie vertraut machen und dann in unserem Kombinat eine solche Einrichtung schaffen, schlug mir der Komiteesekretär vor.

An Papier herrschte allerorts Mangel, und ich, Normensachbearbeiter im Kombinat, wusste auch ein Lied davon zu singen. Reines Papier war überhaupt nicht aufzutreiben; zum Schreiben verwendete man bedruckte Blätter aus alten Büchern und Broschüren, jedoch – da sei Gott vor! – nicht aus den genialen Werken der Klassiker des Marxismus-Leninismus. O wie schade! Denn sie eigneten sich so vorzüglich für unseren Zweck dank des guten Papiers, der weiten Zeilenabstände und breiten Ränder. (Durch diese Kniffe wird das Œuvre jener Klassiker in einer imposanten Vielzahl von Bänden präsentiert, die einerseits den gaffenden Untertan mit stiller Ehrfurcht erfüllt, andererseits den unerlässlichen Hintergrund abgibt auf Fotos, worauf sich unsere Staatsmänner während ihrer segensreichen Tätigkeit verewigen lassen.) Wenn manchmal aber auch das zulässige Surrogat ausging, dann schrieb man eben auf schon beschriebenen Blättern nochmals quer darüber. Privilegiert waren nur das Parteikomitee, die Behörden und die Schule; sie verfügten über einen geringen Vorrat an weißem Papier.

Der Komiteesekretär zeigte mir ein Muster des in Pudino produzierten Papiers. Es war gräulich, grob und rau; unter anderen Umständen hätte es bestenfalls als Packpapier dienen können, aber in unserer Lage war es etwas Wertvolles: Man konnte immerhin darauf schreiben! Der Hersteller dieses Papiers, Albin E.*, war mir gut

---

* Dr.-Ing. Albin Eisenstein, Verbannter, der in Pudino (Sibirien) eine Papierfabrik errichtet hatte, wurde 1953 in Tomsk aufgrund einer niederträchtigen Verleumdung vom NKWD verhaftet und gemäß § 58 (konterrevolutionäre Tätigkeit) zu 25 Jahren Arbeitslager verurteilt. Nach drei Jahren, zu Beginn der Chruschtschow-Ära, kam er frei. Nach bestandener Promotion erfolgte seine Berufung als Professor an die Technische Hochschule in Tomsk. Er wurde aber auch weiterhin diskriminiert und musste schließlich ein Entlassungsgesuch einreichen. 1976 gelang es ihm, mit seiner Familie nach Deutschland auszureisen. Hier trafen ihn zwei weitere Schicksalsschläge: Seine Frau starb noch jung an Jahren an einem schweren Leiden, später verstarb sein einziger Sohn. Er lebte als betagter Rentner in Düsseldorf. Seine Erlebnisse in Sibirien hat er im Buch »Die Kunst zu überleben« (1992) beschrieben. Er starb 2002.

bekannt: Er war Ingenieur, hatte in Charlottenburg studiert, war mit seiner Frau und den Schwiegereltern deportiert worden. In Czernowitz hatten wir in der Theatergasse Tür an Tür gewohnt, und er würde mir bestimmt weiterhelfen.

»Der Weg zieht sich flussaufwärts längs des Wassjugan. Bis an die Grenze unseres Rayons kannst du mit dem Schlitten fahren«, fuhr der Sekretär fort, »weiter aber ist unwegsames Sumpfland, etwa neunzig Kilometer, da kann man nur auf Skiern vorankommen. Ein Führer wird dir die Spur legen.« Ich besann mich eine Weile: Seinerzeit hatte ich viel Sport getrieben – ich war ein guter Schwimmer, ein ausdauernder Schlittschuhläufer, spielte gut Tennis, ausgezeichnet Tischtennis, fuhr Rad – aber Ski laufen war meine schwache Seite: Ich hatte spät damit begonnen und fühlte mich auf den Brettern unsicher. Der Sekretär, der mir meine Zweifel vom Gesicht ablas, fügte hinzu: »Wir geben dir eine 800-Gramm-Brotkarte und genügend Reisegeld auf den Weg.« 800 Gramm Brot – das war die Höchstnorm! »Ei!«, flüsterte das kleine Teufelchen mir ins Ohr, »im vorigen Monat bist du 400 Kilometer zu Fuß gegangen, solltest du jetzt nicht 90 Kilometer auf Skiern zurücklegen können?!« Da habe ich denn angebissen. »Ich werde es schon schaffen«, sagte ich etwas dünkelhaft, »auch wenn ich auf allen Vieren kriechen müsste.«

So fuhren wir los, der Führer und ich. Im Schlitten lagen breite, so genannte »Jägerskier« bereit. Ich war bei glänzender Laune: Mit dem Schlitten fahren und hinter dem Schlitten trotten ist nicht ein und dasselbe. In den am Oberlauf des Wassjugan gelegenen Dörfern, von denen mir nur Maiski und Jelisarowy im Gedächtnis geblieben sind, machten wir Rast; ich kaufte mir jeweils meine 800 Gramm Brot, Kartoffeln, einige Male auch Elchfleisch und aß, nein, fraß mich zum Platzen voll, um meine körperliche Verfassung für die bevorstehende Tour zu stärken: Ich war töricht genug zu glauben, dass reichliche Nahrung im Laufe nur einer Woche meine seit zwei Jahren vom Hunger geschwächte Konstitution wieder fit machen könne. In vier Tagen hatten wir ungefähr 150 Kilometer zurückgelegt und gelangten an die Endstation, Schmakowka.

Jetzt hieß es die Skier anschnallen. Der Führer glitt leicht über den Schnee, ich folgte seiner Spur. Bald aber merkte ich, dass ich mir die Tour zu leicht vorgestellt hatte. Der Schnee war über einen halben

Meter tief, das Gelände uneben. Die Spur führte bald auf-, bald abwärts durch Gestrüpp, wand sich zwischen nahe beieinander stehenden Bäumchen. Der enge, lange Mantel behinderte mich; alle zehn Schritte fiel ich in den Schnee. Der Führer wartete geduldig, bis ich mich aufgerichtet hatte und ihm mühsam nachkam – um gleich darauf wieder hinzuplumpsen, Schnee in den Schuhen, Ärmeln, im Halskragen, auf der Brille. So legten wir mühevoll ungefähr fünf Kilometer zurück; bis zur Jagdhütte, wo wir übernachten sollten, waren es noch dreißig Kilometer Weg. Ich musste einsehen, dass ich mir zu viel zugemutet hatte; es war ein unverzeihlicher Leichtsinn gewesen, sich auf so ein gewagtes Unternehmen einzulassen. Niemand hatte mich ja dazu gezwungen; ich hatte aus eigenem Antrieb den Kopf in die Schlinge gesteckt. »Wir müssen umkehren, ich kann nicht mehr«, sagte ich mutlos. Der Führer schien auf meine Worte bloß gewartet zu haben – er fand wohl die Skitour auch nicht sehr verlockend –, und wir machten kehrt.

Die Heimfahrt mit dem Schlitten machte mir schon weniger Vergnügen. Besorgt sah ich meiner Ankunft in Nowo-Wassjugan entgegen – mein Empfang dort dürfte nichts weniger als festlich werden. In einer Zwischenstation entwarf ich die Konstruktion eines Vorhängeschlosses (Schlösser waren auch Mangelware), die wollte ich dem Direktor des Kombinats sozusagen als Kompensation für meine Schlappe anbieten.

In Nowo-Wassjugan angekommen, mied ich das Exekutivkomitee und schlich mich ins Kombinat, wo ich dem Direktor beichtete. Er schnauzte mich mächtig an; meine Zeichnung warf er beiseite, ohne auch nur einen Blick darauf zu werfen. »Das kann jeder Schlosser besser machen«, sagte er verächtlich. Das Reisegeld wurde mir vom Gehalt abgezogen, die Brotration auf die übliche Norm herabgesetzt – aber das war auch alles. Damit war meine Expedition beendet. Man wäre mit mir wahrscheinlich schlimmer verfahren, hätte es nicht einen mildernden Umstand gegeben: Die Papierfabrik in Pudino war nämlich in der Zwischenzeit abgebrannt...

Der Sommer kam. Ich war inzwischen in einen anderen Betrieb versetzt worden. Der Les-Top, so hieß der neue Betrieb, sorgte für die Beschaffung von Bau- und Brennholz. Die Holzfäller arbeiteten in den umliegenden Wäldern, in Nowo-Wassjugan befand sich nur die

Betriebsleitung, und hier im Büro war ich wieder als Normensachbearbeiter eingestellt worden. Der Direktor war im Unterschied zu dem Rüpel im Kombinat ein ruhiger, ausgeglichener Mensch. Seine Frau, eine lebhafte, energische Person – sie dürfte die Kommandeuse im Betrieb gewesen sein – war Kassiererin; bei uns im Büro ließ sie sich selten blicken. Mir gefiel es hier viel besser als im Kombinat: ohne das ewige Kreischen der Sägen, das Feilen und Hämmern. Wir waren zu dritt im Büro: die Buchhalterin – sie war eine vertriebene Lettin –, der Verwaltungsangestellte und ich. Soweit hätte ich nicht zu klagen gehabt, wenn nicht der Hunger…

Unweit von Nowo-Wassjugan, etwa acht Kilometer entfernt, liegt das Dörfchen Wolkowo; dort, so hieß es, könne man vorjährige Kartoffeln erstehen. An einem Sonntag begab ich mich auf den Weg. Der schmale Pfad führte durch Gestrüpp, streckenweise durch Sumpfland, wo man den Fuß vorsichtig auf rundliche, mit Moos bewachsene Hügelchen, die sich da und dort aus dem feuchten Boden erhoben, setzen musste. Ich war noch nicht weit gegangen, als sich jenes vermaledeite Summen hören ließ, und schon schwärmten Stechmücken, die Höllengeister der Taiga, im wilden Tanz um mich herum. Ich fuchtelte verzweifelt mit den Armen, aber das Summen wurde immer lauter und bedrohlicher. Ich wischte mir das Blut von Hals und Gesicht und blickte auf – über mir hing ein dunkles Wölkchen von rasenden Mücken. Eine derart wütende Attacke hatte ich selbst in Stalinka nicht erlebt. Schließlich riss ich einige Zweige vom nächsten Strauch und peitschte mir, während ich meinen Schritt beschleunigte, den Nacken und das Gesicht.

Dafür wurde ich, in Wolkowo angekommen, reichlich entschädigt: Nach langwierigem Feilschen konnte ich zwei Eimer Kartoffeln kaufen, und gut gelaunt trat ich den Rückweg an. Sonderbarerweise plagten mich jetzt die Mücken weniger – lag es am frischen Wind, war meine Haut schon unempfindlich geworden oder ließen die Kartoffeln mich alles vergessen? Trotz meiner Bürde war ich stramm losmarschiert und hatte schon die Hälfte des Weges zurückgelegt, als ich plötzlich etwa fünfzig Meter vor mir ein Tier erblickte, das in großen Sätzen auf mich zukam. War es ein großer Hund oder ein Wolf? Die Ohren standen aufrecht… Ich blieb unschlüssig stehen: Die Bürde abwerfen? Einen Stecken suchen? Im Bruchteil einer Sekunde fuhren mir die Gedanken durch den Kopf. Ich fühlte keine Angst; ich war wie gelähmt und ergab mich in mein Schicksal. Da war das Tier auch schon in einigem Abstand an mir vorbeigesprungen und verschwand in den Büschen. Die Dörfler versicherten mir später, dass es hier keine Wölfe gebe, der tiefe Schnee winters lasse sie nicht heimisch werden. Und doch: Schließlich war es Sommer, und wie sollte ein Hund hierher kommen, so fern von jeder Wohnstätte? Auch der Name des Dörfchens, Wolkowo, von »wolk« (Wolf) abgeleitet, erhärtete meinen Verdacht.

Zu Hause besah ich mich in der Spiegelscherbe: Mein Gesicht war unförmig aufgedunsen, unter den angeschwollenen Lidern blickten klein die Augen hervor. Im Tümpel unweit meines Hauses wusch ich mir das Gesicht, den Hals, die Augen. Das kalte, ungetrübte Wasser – der Tümpel wurde wahrscheinlich vom Moor gespeist – tat der wunden Haut wohl. Dann setzte ich den Topf voll Kartoffeln aufs Feuer, warf mich hundemüde aufs Bett und überließ mich dem angenehmen Vorgefühl des kommenden Schmauses. Eine halbe Stunde war vergangen; warum brodelte meine Suppe noch nicht? Ich sah hin – das Wasser war ausgelaufen! Der Topf hatte ein Loch!... Ich war wie vor den Kopf geschlagen: Diese Tücke kam mir unerwartet. Ohne nachzudenken, goss ich Wasser nach; das Ergebnis war dasselbe... Ich war dem Weinen nahe und fluchte unflätig vor mich hin; nach all der Plackerei – der Mückentortur, dem nervenraubenden Feilschen, dem mühseligen weiten Weg mit der schweren Last auf dem Rücken – sollte dieser niederträchtige Topf mich nun um mein wohl verdientes Glück bringen? Ich setzte mich aufs Bett und starrte hasserfüllt auf diesen Hund von einem Topf... Schließlich vermochte ich mich zu sammeln; ich knetete aus Brotkrumen (ach, wie schade!) ein Kügelchen und verklebte das Loch.

Nun endlich konnte ich mich satt essen, sagte verklärt mein Sprüchlein auf und fiel entspannt auf mein Lager. Nachts weckten mich wie immer die Wanzen. (Das Häuschen hatte längere Zeit leer gestanden, und die ausgehungerten Biester warfen sich nun mordbegierig auf die lang erwartete Beute.) Ich stieß die Haustür auf: Im Dämmerlicht der hellen Sommernacht rannte wohl ein Dutzend aufgeschreckter Wanzen über mein Polster. Vorsichtig, damit sie nicht abspringen (diese Tierchen sind schlauer als die trägen Läuse), trug ich das Polster vor die Tür und schüttelte meine Kostgänger in die nahe Pfütze ab. Danach kroch ich wieder ins Bett und schlief weiter: Mochten die Hinterbliebenen sich an mir satt fressen.

In Nowo-Wassjugan gab es ein richtiges »weißes« Bad: In einem fensterlosen Holzbau stand ein Herd, in den ein großer Kessel eingebaut war. Unter diesem wurde ein Feuer angemacht, wobei der Rauch im Unterschied zum »schwarzen« Bad durch den Schornstein entwich. Ein zweiter Kessel daneben enthielt kaltes Wasser. Im Raum standen einige Bänke, darauf eine Anzahl hölzerner Schüsseln. Die Badegäste – Männer und Frauen hatten abwechselnd an verschiedenen Wochentagen Zutritt – füllten die Schüsseln aus beiden Kesseln, wuschen sich und gossen danach das schmutzige Wasser auf den Fußboden, von wo es durch eine Rinne nach außen abfloss.

Alle zehn Tage, die Kampfparole »Tod den Läusen!« rachsüchtig vor mich hin murmelnd, beschritt ich den Kriegspfad, der mich ins Bad führte. Ach, wie meine zerbissene Haut unter dem Seifenschaum und dem heißen Wasser so quälend juckte! Dafür hatte ich dann für ein paar Tage Ruhe, danach stellten sich meine Haustierchen wieder ein: Ich hatte ja nur noch zwei Hemden, die ich abwechselnd im nahen Tümpel wusch; nicht alle Läuse erlitten dabei Schaden, etliche blieben heil, es sei denn, dass sie Schnupfen bekamen. Dagegen konnte ich die Kopfläuse endgültig loswerden: Ich ließ mir in der Friseurstube den Kopf kahl scheren und blickte schadenfroh auf die Läuse, die mitsamt den Haarflocken auf das Laken purzelten. Die Friseuse nahm an diesem peinlichen Anblick keinen Anstoß; sie blickte gleichmütig auf die zappelnden Tierchen hin, hatte wohl auch selbst welche.

Es war Spätsommer geworden. Die Kartoffeln, die ich eingehandelt hatte, waren längst aufgezehrt. Was mir an Geld geblieben war, reichte knapp für die Brotration. Wie erfinderisch ich im Handel auch war, mehr hatte ich nichts abzugeben; als Letztes gab ich meine goldene Zeiss-Brille her; begüterte Landsleute zahlten mir dafür 120 Rubel. (Ich hatte allerdings noch eine einfache Hornbrille.) Nun war alles aufgebraucht – das Geld, die Tauschmittel, die Kartoffeln... Von Tag zu Tag wurde ich schwächer; ich war müde, körperlich und seelisch gebrochen – wie lange noch kann man sich dem

Tod, der wieder und wieder den knöchernen Arm nach einem ausstreckt, entziehen? Da ich das niederschreibe, kommen mir Goethes Worte in den Sinn: »Gut verloren – etwas verloren!... Ehre verloren – viel verloren!... Mut verloren – alles verloren!« Ich hatte den Mut verloren.

So begab ich mich eines Abends, niedergeschlagen und verzweifelt, zum... Kommandanten. Ich fand ihn zu Hause im Kreise seiner Familie; zwei drollige Kleinkinder krochen unter dem Tisch auf allen Vieren herum. »Ich bin zu Ende, ich kann nicht mehr«, sagte ich leise. Der Kommandant sah mich an; er hatte auf den ersten Blick alles begriffen. »Du kannst dir bei mir täglich einen halben Liter Milch holen. Mit den 500 Gramm Brot und der Milch wirst du schon durchkommen«, sagte er ruhig. Sollte ich mich verhört haben? Ich blickte ungläubig auf. »Ich habe kein Geld, für die Milch zu zahlen«, stammelte ich mit gepresster Stimme. »Das tust du am Monatsende, sobald du dein Gehalt bekommst«, versetzte der Kommandant.

Langsam und versonnen, die Flasche Milch in der Hand, ging ich nach Hause, setzte mich aufs Bett, und meine so lange verhaltenen Tränen quollen mir aus den Augen. Wieder hatten mich gute Worte (ich musste an die alte, strenge Bäuerin in Stalinka denken) aufgerichtet, das Fünkchen Hoffnung glomm wieder. Mir wurde so warm ums Herz, mich durchströmte ein erhebendes Gefühl der Dankbarkeit für den Kommandanten, den Menschen, von dem ich – wie mir geschienen hatte – am wenigsten Mitgefühl erwarten durfte.

Unsere Wege – die des Kommandanten, seiner Töchter und meine – sollten sich noch einige Male kreuzen. Nach Jahren, als ich bereits Lehrer an der Mittelschule im Rayonszentrum Teguldet (im Tomsker Gebiet) war, entdeckte ich zu meinem Erstaunen in den Schülerlisten die Namen Valentina und Soja K., meines Kommandanten Töchter. Valentina wurde dann meine Schülerin in der Klasse, der ich als Klassenlehrer vorstand. Viele Jahre später, als ich bereits mit Frau und Kindern nach Tomsk übergesiedelt war und an einer Spezialschule mit erweitertem Deutschunterricht einige Fächer lehrte, kam Valentina ebenda als Biologielehrerin an und unterrichtete meine beiden Söhne. Wie seltsam sich die Schicksalsfäden ineinander verschlingen!

Abb. 8: Teguldet: ein »freiwilliger« Arbeitseinsatz. Die Schüler müssen die Schule für den Winter mit Brennholz versorgen. (1. v. r.: der Verfasser)

Hier will ich anmerken, dass mir in der Verbannung durchaus nicht nur Böses widerfahren ist. Böse ist nur das System; die Menschen an sich, soweit sie das System nicht pervertiert hat, sind hilfsbereit und gut. Ich habe in Sibirien unter meinen Kollegen, Bekannten, Schülern viele wahre Freunde gefunden und behalte sie in guter Erinnerung.

Wieder war es Winter geworden, der zweite Winter, den ich in Nowo-Wassjugan verbringen musste. In meine neuen Aufgaben hatte ich mich schnell eingearbeitet. Im Büro war es still, außer wenn der dürre, sauertöpfische Verwaltungsangestellte mit seinen Arbeitern Krach hatte. Die Buchhalterin, eine verschlossene Frau mittleren Alters, saß in ihre Bücher vertieft und verließ das Büro nur dann und wann, um in der Bank ihre Geschäfte zu tätigen.

Anfang 1944 erteilte mir der Direktor einen besonderen Auftrag: Ich solle den Betriebsplan für das kommende Jahrfünft aufstellen. »Jeder Betrieb entwirft einen Fünfjahresplan, diese Pläne werden dann im Exekutivkomitee aufeinander abgestimmt, nach Nowosibirsk und schließlich nach Moskau weitergeleitet. Dort werden sie diskutiert, und danach wird der Fünfjahresplan für das ganze Land aufgestellt«, belehrte mich der Direktor. Ich bat um genauere Anweisungen, und er fügte hinzu: »Nun, du musst sozusagen ein Entwicklungsprojekt unseres Betriebs, na, der Forstwirtschaft, erarbeiten..., alle Möglichkeiten erwägen..., Perspektiven sehen... du verstehst mich doch...«

Ich hatte ihn verstanden. Das war ein Auftrag so recht nach meinem Geschmack, und ich machte mich mit Dampf an die Arbeit. Nach zwei Tagen hatte ich den Plan fertig: Unser Betrieb sollte einen ungeahnten Aufschwung erleben! Da war die Herstellung von Pressholz und Sperrholz vorgesehen; die Abfälle ließ ich zu Parkettbrettchen verarbeiten (Hartholz war allerdings in unserer Gegend nicht vorhanden, verkrüppelte Birken ausgenommen), und sogar das Sägemehl wusste ich zu verwerten – es sollte zur Erzeugung von Steinholz, einem fugenlosen Fußbodenbelag, verwendet werden. (Bei der Erstellung des Plans diente mir unsere Wohnung in Czernowitz als Modell: Wir hatten in den Zimmern Parkettböden und in der Küche einen rötlichen Steinholzfußboden.) Nur auf die Errichtung einer Papierfabrik hatte ich verzichtet – ich hatte meine guten Gründe dazu... Ein paar Diagramme verliehen meinem Opus ein solides Gepräge.

Der Direktor war von meinem großzügigen Fünfjahresplan sichtlich beeindruckt und auch im Exekutivkomitee hatte man allem Anschein nach an meinen potemkinschen Dörfern Gefallen gefunden, denn nach einigen Tagen erhielt ich ein verlockendes Angebot. Die Buchhalterin würde wegen gewisser Verfehlungen zur Verantwortung gezogen werden, eröffnete mir der Direktor in ihrer Abwesenheit, ich möge die frei werdende Stelle besetzen. Buchhalter sind hierzulande sehr geachtet und beziehen ein hohes Gehalt... Wieder wollte das kleine Teufelchen mich in Versuchung führen, aber diesmal ließ ich mich nicht verleiten. »Ich verstehe nichts davon«, lehnte ich ab, und obwohl der Direktor mich zu überreden suchte (»Das ist doch ganz einfach: du brauchst nur die Einnahmen und die Ausgaben zu buchen«), blieb ich standhaft. Die Lettin war noch bis zum Sommer im Amt; ihr weiteres Schicksal ist mir nicht bekannt.

Unerwartet wurde ich wieder auf eine Wanderung geschickt. Ende Februar wurde mir aufgetragen, den Holzfällern, die auf der Schlagfläche unweit des Dörfchens Kuntiki arbeiteten, die Brotkarten für den kommenden Monat zu bringen. Die Versorgung der Arbeiter mit Brotkarten und auch die Auszahlung der Löhne fielen in den Aufgabenbereich der Kassiererin, aber die Direktorsfrau, der bei solchen Anlässen stets ein Schlitten bereitgestellt wurde, war diesmal womöglich übler Laune, vielleicht auch mit häuslicher Arbeit überlastet, und wer anders als ich sollte nun diese Reise – natürlich auf Schusters Rappen – antreten?

Man hatte mir einen dreizehn Kilometer langen Fußweg gewiesen (die Schlittenbahn, die auf Umwegen nach Kuntiki führte, war länger). Es war ein kalter, trüber Wintertag, die tief stehende Sonne war von dichten Wolken verdeckt. Der Weg führte über ein mit Gestrüpp bewachsenes Gelände in die Schneise eines Waldes. Ich hatte schon die Hälfte des Weges zurückgelegt, als ich plötzlich stockte: Quer über den Weg zog sich ein Graben, etwa drei Meter tief und ebenso breit. Ein darüber gelegter Baumstamm diente als Brücke. Der Stamm war zwar dick, aber dennoch... In Filzstiefeln darüber zu gehen war ein Leichtes, aber mit meinen glatt besohlten Stiefeln?... Abzurutschen bedeutete den Tod, denn entweder ich renkte mir ein Bein aus, oder – noch schlimmer – ich geriet in einen unter der Schneedecke nicht zugefrorenen Bach. Selbst wenn ich heil geblieben wäre, hätte ich die steilen, von tiefem Schnee bedeckten Abhänge kaum hinaufklimmen können. »Nur ruhig«, sagte ich mir. »Der Stamm ist dick; auf festem Boden kannst du ja einen viel schmaleren Streifen begehen. Keine Angst! Und nicht zögern! Auf den Stamm, nicht in die Tiefe blicken!«, befahl ich mir. »Du kommst hinüber!«

Endlich kam ich aus dem Wald heraus; vor mir dehnte sich fast unabsehbar ein freies Gelände. Über die ebene Schneedecke, unter der wahrscheinlich ein Moor lag, zog sich ein schmaler, schnurgerader Pfad; nach einer Stunde Weg gelangte ich in ein lichtes Wäldchen, und bald darauf war ich auch in Kuntiki. Meinen Auftrag hatte ich schnell erledigt und begab mich gleich auf den Rückweg, denn ich wollte noch vor Einbruch der Dunkelheit nach Hause kommen. Es begann zu schneien... Nun lag das offene Gelände vor mir, am Horizont zeichnete sich dunkel der Waldrand ab. Die Flocken fielen immer dichter, und schließlich begann ein Schneesturm. Ich beschleunigte meinen Schritt, denn der Schnee verwehte den schmalen Pfad; schlimm wäre es, wenn ich vom Weg abkäme und die Schneise im Wald verfehlen würde.

Wohl ein Drittel des freien Geländes hatte ich hinter mir, als die Fußstapfen, die vor mir den Pfad andeuteten, kaum noch zu sehen waren. Nur schwache, seltsamerweise leicht erhabene Abdrücke zeigten die Spur an, und auch die würden bald verschwunden sein. Es dunkelte... Ich überlegte, ob es nicht ratsamer sei, auf der eigenen Spur zurückzukehren und in Kuntiki zu übernachten, als ich in der Ferne durch das Gestöber einen dunklen Punkt bemerkte. Der Punkt kam näher, nahm Gestalt an – ein Wanderer, der mir entgegenging! Noch eine viertel Stunde, und wir stapften, gleichermaßen erfreut, aneinander vorbei, denn die frischen, tiefen Fußspuren wiesen uns beiden den richtigen Weg. In der Schneise ging ich gemächlicher, hier konnte der Schneefall mir nichts anhaben. Bald hatte ich den Baumstamm, der über den Graben führte, überschritten; diesmal war ich meiner sicher. Es dauerte nicht lange, so war ich zu Hause.

Mir war es beschieden, nochmals nach Kuntiki zu kommen, diesmal allerdings mit dem Schlitten. Im März sollte ich dort für einen Normensachbearbeiter, der einen Monat aussetzen musste, einspringen. Unweit der Schlagfläche, die südlich von Kuntiki gelegen war, stand einsam im Wald ein niedriges Häuschen, das acht Holzfällern als Unterkunft diente. Diesen rauen Männern, die mich an Hauffs Holländer-Michel erinnerten, wurde ich als neunter Mitbewohner zugeteilt. Die einzige Stube war dürftig eingerichtet: zwei Tische, einige Bänke, ein eiserner Ofen; an der Wand eine lange Pritsche, auf der wir schliefen, eng aneinander gedrückt wie Sprotten in der Pfanne. Eine qualmende »Koptilka«, eine aus einer Konservenbüchse gebastelte Petroleumfunzel ohne Glas, spendete schwaches Licht im verräucherten Raum.

Alle Morgen gingen die Männer an die Arbeit; ich blieb allein im Haus, spaltete mühevoll einige dünne Scheite ab von einem der Holzklötze, die vor dem Haus im Schnee herumlagen, heizte den Ofen und machte mich an meine Rechnungen. Abends polterten die Holzfäller in die Stube, die Schnurrbärte vereist, die Gesichter vom Frost gerötet, die wattierten Wämser und die Filzstiefel voller Schnee. Einer der Männer zerhackte draußen mit einigen wuchtigen Hieben einen Klotz, warf den Ofen mit groben Scheiten voll und machte ein Feuer an, dass die Flammen zischten, das Holz krachte und der eiserne Ofen kirschrot anlief. Dann fielen sie über ihr Nachtmahl her – Fleisch, Speck, Kartoffeln, Brot und natürlich Tee.

Während das Essen kochte, diktierte mir der Brigadier die Anzahl und die Maße der tagsüber gefällten Stämme, und ich rechnete sie in Kubikmeter um. Die Holzfäller umstanden mich und blickten verwundert auf das fremdartige Gerät, den Rechenschieber, den ich geschickt handhabe. Ein jeder wollte seine Tagesleistung wissen; sie staunten, wie schnell ich Bescheid gab. Meine Rechnungen schrieb ich auf eine Logarithmentafel, die man mir in Nowo-Wassjugan als Schreibpapier mitgegeben hatte. Es war mir eigentlich schade um die gute Broschüre, da es doch genug andere Makulatur gab, die dazu hätte dienen können.

Anfänglich begegneten mir die Holzfäller mit Argwohn, ob ich, allein geblieben, ihnen nichts wegfräße, dann aber fassten sie Vertrauen zu mir. Mir war es lieb, wenn sie abends von der Arbeit heimkehrten und die Stube mit Wärme und Lärm erfüllten; allein fühlte ich mich in diesem schweigenden Wald einsam und irgendwie schutzlos. Als ich wieder fort musste, ließen mich die rauen Männer nur ungern ziehen. Zurück in Nowo-Wassjugan, musste ich meine Wohnstätte wechseln; ich wurde bei einigen Arbeitern, vertriebenen Letten, einquartiert und konnte endlich wieder in einem Bett schlafen.

Der Frühling war eingezogen und mit ihm die Zeit, Kartoffeln anzubauen. Unserem Betrieb wurde ein ausgedehntes Feld zugeteilt, und die Arbeiter und Angestellten konnten einen je nach Bedarf zugemessenen Streifen bebauen. Auf meinen fünf Ar – die diesmal nicht im Schatten lagen – steckte ich Kartoffeln, säte auch ein wenig Möhren. Die Erde war fruchtbar; ich durfte auf eine gute Ernte hoffen.

Zu den Sorgen um die Nahrungsbeschaffung kam jetzt noch eine hinzu: die Sorge um die Kleidung. Das einzige Paar Hosen, das mir geblieben war, hing mir in Fetzen vom Leibe. Gute Landsleute, denen mein klägliches Aussehen Mitleid einflößte, schenkten mir einen Vorleger. Ich hatte meine Freude an dem wenn auch derben, so doch festen Gewebe und ließ mir daraus eine Hose schneidern. Zwar sah ich in den plumpen Beinkleidern einem Flibustier ähnlich, aber das störte mich wenig. »Die werden lange halten«, dachte ich frohgemut, aber »erstens kommt es anders, zweitens, als man denkt«... Das Gewebe war wohl schon teilweise brüchig gewesen, darüber hinaus war es, während ich mich bewegte, ständiger Reibung ausgesetzt: Kurzum, nach ein paar Monaten waren meine neuen Hosen schon wieder verschlissen. Die langen fransigen Risse zu flicken war zwecklos: Der Faden hielt nicht im schwachen Gewebe und die Naht ging sogleich auf.

Nun hätte ich mir von meinem Gehalt neuen Stoff kaufen können – in den Läden gab es allerlei Zeug –, aber zu Kriegsbeginn wurde der freie Warenverkauf aufgehoben. Alle Industriewaren und Lebensmittel waren streng rationiert und nur gegen Talons käuflich. Schließlich war ich derart zerlumpt und abgerissen, dass ich mich nicht mehr sehen lassen konnte. Sobald ich morgens aus dem Bett stieg, schlüpfte ich gleich in meinen langen Mantel, um die halb nackten Beine zu verdecken; auch im Büro blieb ich im Mantel sitzen und legte ihn erst ab, wenn ich abends unter die Decke kroch. Ich war schon abgestumpft und ließ es gehen, wie es wollte.

Da wurde ich eines Tages zum Kommandanten bestellt. Was hatte das zu bedeuten? Gutes? Schlimmes? Der Kommandant musterte mich von Kopf bis Fuß, und ohne große Worte zu machen, schrieb er mir eine Order aus auf Stoff für eine Bluse und eine Hose sowie für Fußbekleidung. Danke, Kommandant! Aber woher hatte er erfahren, wie es um mich bestellt war? Hatte ihn einer meiner Amtskollegen oder einer der vertriebenen Letten, die mit mir wohnten, meine Nöte wissen lassen? Jetzt konnte ich mich einkleiden: Eine hellgraue Militärbluse mit aufgesetzten Taschen, braune Hosen und weiche, lederne Mokassins mit angenähten Schäften aus grobem, weißem Leinen – unter den damaligen Verhältnissen war ich recht gut gekleidet. Ich war eitel und albern genug, mich über bewundernde Blicke, die man mir zuwarf, zu freuen.

Juli 1944. Unser Kartoffelfeld lag nicht weit entfernt. Allabendlich begab ich mich nun in meiner alten, noblen Tracht, den Seeräuberhosen und den zerrissenen Stiefeln, aufs Feld, häufelte meine schön aufgegangenen Kartoffeln und jätete das Möhrenbeet. Natürlich labten sich die Stechmücken, die aus der nahen Taiga heranflogen, an mir, aber das musste ich schon in Kauf nehmen. (Eigenartigerweise wurden die Einheimischen von den Mücken weniger geplagt als wir Zugewanderten, die aus mückenfreien Gebieten stammten.)

Adieu, Taiga!
Eine Reise mit kleinen Hindernissen

Mitte August ließ mich der Kommandant rufen. Gemäß einer neuen Verfügung sei für Verbannte mit Fachbildung eine wesentliche Vergünstigung vorgesehen: Von nun an sei es ihnen erlaubt, sich in der Gebietshauptstadt Tomsk niederzulassen und sich in ihrem Fach zu betätigen, eröffnete er mir. »Eine Order nach Tomsk habe ich dir bereits ausgeschrieben«, fügte er hinzu. Ich war bestürzt. »Nein«, flehte ich, »nein! Bitte lassen Sie mich hier bleiben! Ich habe fünf Ar Kartoffeln angebaut, zum ersten Mal werde ich mich satt essen können. Was soll ich in Tomsk ohne Mittel?« – »Du hast Grütze im Kopf«, versetzte er ruhig, »du wirst dich schon durchbeißen.«
Nachdenklich ging ich nach Hause. Der Kommandant hatte mir bisher nur Gutes erwiesen. Ich werde seinen Rat befolgen, entschloss ich mich. Unverhofft füllte sich dann auch mein leer gewordener Beutel auf: Der neue, aus Tomsk zugereiste Buchhalter, der die Stelle unserer Lettin – sie hatte das Büro schon verlassen – angetreten hatte, bot mir für mein Kartoffelfeld 500 Rubel. Das Geld kam mir sehr gelegen; ich hätte ja ohnehin die Kartoffeln zurücklassen müssen. Die Möhren aber habe ich mir ausbedungen; die wollte ich ausgraben und als Proviant für die Reise mitnehmen.
Das Einpacken brauchte selbstverständlich nicht viel Zeit. Die Steppdecke und das Polster stopfte ich in eine große hölzerne Truhe, die ich noch im Kombinat hatte anfertigen lassen, in den kleinen Koffer warf ich meinen Mantel, ein Hemd, die Mütze, Vaters Rasierapparat, den Topf, ein Säckchen mit etwa einem Eimer Möhren, Messer, Löffel, und schon war ich reisefertig.
An einem sonnigen Augusttag bestieg ich den Flussdampfer »Toboljak«, allerorts »Die krumme Toboljak« genannt, weil sie ein wenig auf der Seite lag, und machte mir auf dem Blechboden ein gemütliches Plätzchen zurecht unweit des Maschinenraums; dort war es nachts wärmer. Ich setzte mich auf die Truhe und sah mich

um. Von allen Verbannten, die sich in Nowo-Wassjugan aufhielten, war ich der Einzige, der eine Ausreiseorder bekommen hatte.

Die Sirene ertönte, der Laufsteg wurde eingezogen, unter den Schaufelrädern schäumte das Wasser auf, und der Flussdampfer stieß vom Ufer ab. Adieu, Nowo-Wassjugan! Adieu, Kommandant! Adieu, Kombinat und Les-Top! Adieu, ihr freundlichen rauen Männer! Adieu, Taiga! Der dich durchwandert hat auf verschneiten Wegen und sumpfigen Pfaden, er geht und nimmer kehrt er wieder. »... *kehrt er wieder!*«, regten sich wie ein Echo Zweifel und Zukunftsängste in mir. Hinter mir lag all der Schrecken Wassjugans, vor mir das Ungewisse.

In eintönigem Rhythmus stampfte die Maschine. Von dichtem Weidengestrüpp umsäumte Ufer glitten vorbei, flach, stumm und derart gleichförmig, dass es schien, als ob wir uns im Kreis bewegten. Es war Zeit, das Abendbrot zu bereiten. Nach einem verblüffend einfachen Rezept – Möhren plus Wasser – kochte ich eine Möhrensuppe, von den 500 Gramm Brot, die ich mithatte, schnitt ich zwei dünne Scheiben ab. Gesegnete Mahlzeit! Dann breitete ich auf den schmutzigen Boden meinen Mantel, legte anstelle eines Polsters das Möhrensäckchen unter den Kopf und ließ mich vom Stampfen der Maschine in den Schlaf wiegen.

Es vergingen einige Tage. Die Ufer waren auseinander gerückt, der Wassjugan wälzte träge seine schwarzen Wasser durch die düstere Gegend. Einige Male legten wir an: Über den Weidenbüschen hoben sich die Umrisse ärmlicher Blockhäuser vom blassen Himmel ab. Umsiedler schleppten über den Laufsteg Ballen, Bündel, Fässer, Eimer aufs Schiff; zuletzt brachten sie die Kinder an Bord. Dann heulte die Sirene auf und übertönte das Geschrei und die Rufe der am Ufer Stehenden; die »Toboljak« stieß ab, der Lärm verebbte, und nur das Stampfen der Maschine durchstieß im Takt die feierliche, fast unheimliche Stille der Einsamkeit.

Meine 500 Gramm Brot hatte ich längst verzehrt; wie dünn ich die Scheiben auch schnitt, die letzten Krumen wurden alle. Mir blieben nur die Möhren, aber auch der Inhalt des Gemüsediät-Säckchens schrumpfte zusammen. An jenem Abend hatte ich mich spät schlafen gelegt. Noch blinzelte ich schläfrig auf die Füße der vorbeieilenden Matrosen, als plötzlich alle Lichter ausgingen – Kurzschluss! Eine undurchdringliche Finsternis ... Da fühlte ich jählings einen Ruck unter dem Kopf; ich griff dahin – ins Leere: Mein Säckchen war verschwunden! Wie von der Tarantel gestochen, sprang ich auf, schrie, weinte: »Mein Säckchen! Die Möhren! Jetzt muss ich verhungern!« Ich lief wie rasend durch das in Dunkel und Schweigen gehüllte Schiff, stolperte, fiel hin. Das war nicht gespielt wie damals in Stalinka, als mich die Krankenschwester untersuchte, nein, das war ein Anfall, ein wahrer hysterischer Anfall. »Mein Säckchen! Mein Säckchen!« Auf einmal wurde es hell. Weinend, schreiend suchte ich meinen Platz auf, und sieh! – da lag es, mein Möhrensäckchen! Hingeschmissen! Die Gauner von der Schiffsbesatzung hatten wohl gemerkt, wie sorgsam ich das Säckchen unter dem Kopf verwahre, und vermuteten weiß Gott was für einen Schatz darin. Für die Gaunerei hatten sie sich den Coup mit dem Kurzschluss ausgedacht.

Ich vertraute meine Sachen einer Umsiedlerfamilie an, die sich nebenan niedergelassen hatte, und ging aufs Deck. Wir fuhren jetzt den Ob flussaufwärts; nach langer Zeit erblickte ich wieder helles Wasser. Vereinzelt zogen Frachtschiffe, Schlepper und Kutter vorüber. Ich lehnte mich an die Reling und schwermütig ließ ich meinen Blick über den mächtigen Strom schweifen. Ich gedachte der Zeit, als ich, so auf die Reling gestützt, frohgemut auf einen anderen großen Strom hinabsah – die Donau. Damals, Mitte der dreißiger Jahre, hatten wir, einige Studenten der Czernowitzer Kolonie in Brünn, nach Ende des Studienjahres um der Abwechslung willen eine Reise zu Schiff unternommen. Wir gingen in Bratislava an Bord, erreichten gegen Mitternacht Budapest – der Eindruck der zauberhaften, von vielen tausend Lichtern flimmernden Stadt bleibt mir unvergesslich –, langten tags darauf in Belgrad an, durchfuhren das Eiserne Tor und gingen schließlich nach dreitägiger Fahrt im rumänischen Hafen Giurgiu an Land. Natürlich hatten wir die billigsten Fahrkarten gelöst, lungerten tags auf dem Deck herum, nachts durften wir im Speisesaal schlafen. Je vier aneinander gerückte Stühle boten ein prächtiges Lager, und ich bettete den Kopf entsagungsvoll auf die von jemandes Gesäß noch warme Polsterung. Von Giurgiu fuhren wir zunächst nach Bukarest mit der CFR (für »Căiele Ferate Române« – »Rumänische Eisenbahn«). Der Schaffner überschüttete uns auf der Stelle mit einer Flut von erlesenen Schimpfwörtern, der Heimat süßem Willkomm. Aber im Grunde hatte er Recht, denn wir hatten uns ziemlich flegelhaft, ohne die Schuhe auszuziehen, auf den Bänken hingestreckt. Wenn er sich nur nicht so ordinär ausgedrückt hätte! Dann reisten wir ins rumänische Seebad Eforie am Schwarzen Meer, verbrachten drei wundervolle Wochen, und kamen schließlich gebräunt und frischer Eindrücke voll heim nach Czernowitz.

Die »Toboljak« legte in Parabél an. Einige Passagiere, die hier an Bord gingen, fielen mir durch Kleidung und Aussprache auf. Sie erwiesen sich als Landsleute, die seinerzeit mit einem anderen Schub in den Parabéler Rayon deportiert worden waren und jetzt gleichfalls nach Tomsk reisen durften. Es war ihnen in den verstrichenen drei Jahren insofern besser ergangen, als sie nicht so furchtbar Hunger gelitten hatten. (Von allen Rayons, wo Verbannte ausgesetzt wurden, war der Wassjuganer Rayon der schrecklichste.) In Kolpaschewo, einem kleinen Städtchen am Ob, mussten wir, meine Landsleute und ich, umsteigen. Wir verließen die »Krumme Toboljak« und bestiegen einen größeren Dampfer, der uns vorerst nach Nowosibirsk bringen sollte. Eine direkte Verbindung Kolpaschewo – Tomsk gab es damals noch nicht. Meinen Proviant hatte ich in Parabél aufgefüllt: Mein Menü bestand nun aus Kartoffelbrei und Möhren, und ich war wieder soweit, dass ich mein Sprüchlein aufsagen konnte.

Nowosibirsk wartete uns mit einem milden, windstillen Spätsommertag und einem wolkenlosen Himmel auf. Wir sollten erst am nächsten Tag nach Tomsk fahren, und ich beschloss, mir inzwischen die Stadt anzusehen. Am Ufer lagen verstreut Balken, Fässer, Stämme und allerlei Gerümpel. Auf einem der Balken saß ein Mütterchen, das – ich traute meinen Augen nicht! – Pasteten feilhielt. Ohne Talons, ohne Brotkarten! Kauf, stopf dir das Maul voll und iss dich satt!

Wie von einem Magnet angezogen, bewegte ich mich auf das Mütterchen zu. Mir im Wege standen drei Burschen, die laut miteinander stritten. Ich versuchte, die ungemütliche Gruppe zu umgehen, geriet aber unversehens mitten ins Handgemenge und bekam einige Püffe ab. »Verflixte Tölpel! Dass euch der Henker!«, fluchte ich

zornig vor mich hin und ging, die Pasteten mit den Augen ver-
schlingend, auf das Mütterchen zu; griff in die Brusttasche – hoppla! –, sie war leer! Ich blickte mich um: Die Brüder waren ausgeris-
sen. Natürlich hatten sie an meiner originellen Erscheinung, den
Mokassins mit den weißen Schäften, auf den ersten Blick den Dörfler erkannt. Ich war eine leichte Beute. Sie hatten mir die letzten
achtzig Rubel und, was viel schlimmer war, die Order genommen.
Ohne dieses Blättchen mit dem Wappensiegel war ich vogelfrei –
einen anderen Ausweis hatte ich nicht. Ich hätte für einen entlaufe-
nen Sträfling oder für einen Verbrecher, nach dem gefahndet wird,
gelten können. »Es bleibt mir nichts übrig, als mich zu stellen«, entschloss ich mich bekümmert nach einigem Überlegen und ließ mir
den Weg zur NKWD-Leitung weisen. Ob sie mich gleich ins Loch
stecken? Bangen Herzens stieß ich die schwere Tür des unheimli-
chen Gebäudes auf. Ich hatte das Gefühl, als ob sich vor mir ein Ab-
grund auftäte.

Es kam aber alles anders! Man lachte herzlich über mein Missgeschick und glaubte mir aufs Wort! Dann schrieben sie mir eine neue
Order aus und versahen mich mit neunzig Rubel Reisegeld. Zu guter Letzt – es war unerhört! – wies man mich in den Imbissraum, wo
ich Eipulver und Schokolade kaufen durfte! (Erst viel später wurde
mir klar, dass die Ursache des so unerwarteten Verhaltens jener ge-
fürchteten Behörde in der günstigen Entwicklung der außenpoliti-
schen Situation gelegen hatte: Die Beziehungen der Sowjets zu den
Westmächten hatten sich 1944 wesentlich gebessert, und dieser
Umstand wirkte sich sogar auf meine Wenigkeit aus. Das Eipulver
und die Schokolade stammten selbstverständlich aus amerikanischen Lend-Lease-Lieferungen.)

In Dserschinski bei Tomsk beginnt
ein neuer Lebensabschnitt

Meine Order war auf Wohnsitz in Dserschinski[29], einem Tomsker Vorort, ausgestellt. Dieses Dörfchen lag acht Kilometer entfernt, und um von der Stadt dorthin zu gelangen, musste man damals, als noch keine Brücke über den Tom führte, sich mit einer Fähre übersetzen lassen.

Vom Fluss Tom, dem die am rechten Ufer gelegene Stadt ihren Namen verdankt, geht manche Sage. Einst wandelte Toma, die wunderschöne Tochter des Chans Bassandai, mit ihren Gespielinnen auf einsamen Pfaden in den Wäldern ihres Vaters, lauschte dem Gesang der Vögel, pflückte gar manches Blümelein. Da begegnete ihr Uschai, ein junger Jäger, der sich im Walde verirrt hatte. Toma und Uschai entbrannten in heißer Liebe füreinander, und von nun an trafen sie oft im Walde zusammen. Einmal wurden sie von Bassandai, der seiner Tochter heimlich nachgefolgt war, überrascht. Der habgierige Chan, der Toma einem reichen Nachbarn zur Frau versprochen hatte, geriet in maßlosen Zorn und vertrieb den jungen Jäger aus dem Lande. Toma, die von ihrem Geliebten nicht lassen konnte, stürzte sich in den Fluss, der seither ihren Namen[30] trägt. Auch Uschai suchte in den Wellen den Tod; der Fluss, der ihn verschlang, ward Uschaika genannt.

Die Gründung von Tomsk wird in alten Urkunden auf das Jahr 1604 datiert und fällt in die Regierungszeit des Zaren Boris Godunow. Ehemals waren die Ländereien längs des Tom von Tatarenstämmen besiedelt; erfolgreiche Eroberungszüge und geschickte Bündnisse mit den einander sich befehdenden Stämmen brachten das Gebiet unter Moskauer Herrschaft. Tomsk entwickelte sich allmählich zu einem bedeutenden Handelsplatz und wurde, nachdem Ende des 19. Jahrhunderts dort eine Universität erbaut worden war, zu einem kulturellen Zentrum Sibiriens. Vom damaligen Wohlstand der Einwohner zeugen noch heute viele Holzbauten, die, mit Erkern,

Türmchen und Giebeln versehen, mit kunstvollen Schnitzereien verziert, das Interesse der Volkskundler auf sich ziehen. Als Anfang des 20. Jahrhunderts die Transsibirische Eisenbahn, die das europäische Gebiet Russlands mit dem Fernen Osten verbindet, abseits von Tomsk gebaut wurde, begann die Wirtschaft der Stadt zu stagnieren, während das bis dahin unbedeutende Städtchen Nowonikolajewsk, günstig gelegen an zwei großen Verkehrsadern, dem Ob und der neuen Eisenbahnlinie, sich rasch zu einer Großstadt, dem heutigen Nowosibirsk, entwickelte.

Das linke Ufer des Tom zieht sich landeinwärts flach hin, und erst in beträchtlicher Entfernung vom Fluss steigt das Gelände zunächst sanft, dann steil an. Das Dörfchen Dserschinski, das auf dieser Anhöhe liegt, erwies sich als Sitz einer Arbeitskolonie für minderjährige männliche Kriminelle mit allen für eine solche Anstalt üblichen Attributen: hoher Bretterzaun, über den sich Stacheldraht spannt, und Wachttürme an allen Ecken. Alle übrigen Bauten im Dörfchen, ausgenommen eine primitive Schuhfabrik, eine Gerberei, eine Mittelschule für die Dorfkinder und das Verwaltungsgebäude, dienten als Wohnhäuser für das Personal der Arbeitskolonie.

Eines dieser Häuser, ein düsteres, muffiges, einstöckiges Blockhaus, von den Einwohnern des Dörfchens »40-Wohnungen-Haus« genannt, war als Gemeinschaftsbau angelegt: Beiderseits der langen, spärlich beleuchteten Korridore im Erdgeschoss und im ersten Stock führten Türen zu jeweils einem Zimmer, dessen einziges Fenster auf die Straße oder auf den Hof ging. Die ganze Anlage erinnerte an einen Gefängnisgang mit Einzelzellen zu beiden Seiten. Eine gemeinschaftliche Küche, nebenan das Klosett, vervollständigten die Einrichtung dieser »Kommunalka«[31], deren Beschreibung der Feder eines Balzac würdig gewesen wäre. In diesem Haus der kollektiven Armut, der Missgunst und des Haders wurde mir ein Zimmer, in dem bereits eine lettische Familie wohnte, zugewiesen. Als Leidensgefährten – die Letten waren natürlich Verbannte – fanden wir rasch zueinander und ich war froh, nach langer Zeit wieder mit Europäern Umgang pflegen zu können. Der Lette, wohl ein Vierziger, Ingenieur von Beruf, arbeitete in der Gerberei; seine Frau besorgte den Haushalt und betreute ein etwa fünfjähriges Mädchen, Inta mit Namen, ein wohlerzogenes, artiges Kind.

Abb. 9: Tomsk: bürgerliches Wohnhaus, erbaut um die Wende des 19. und
20. Jahrhunderts (dreißiger Jahre)

Die hügelige Umgebung von Tomsk ist wunderschön, und als ich nach Jahren, die ich in trostlosen Sumpfgebieten zugebracht hatte, mich in den Wald, der rings um Dserschinski steht, begab und zu den mächtigen Fichten, Zedern und Föhren aufblickte, Quellen sprudeln hörte, wurde mir so warm ums Herz, und für eine Weile war mein Gram vergessen. Dann aber kam mir plötzlich der krasse Widerspruch zwischen der heiligen, reinen Natur und dem hässlichen Milieu, in dem ich mich befand, zum Bewusstsein... Und der Wald schien mir verdorrt...

Mir wurde eine Order ausgehändigt, wonach ich der Schuhfabrik als Ingenieur zugewiesen wurde. »Schuhfabrik« war allerdings etwas übertrieben, denn dort wurden nur die gewöhnlichsten Hausschuhe hergestellt, die obendrein ihrer überlangen und schmalen Form wegen kaum auf einen normalen Fuß gepasst haben dürften. Die Produktion von Ausschussware beschränkte sich aber durchaus nicht nur auf die Fabrik in Dserschinski: »Unsinnige Auffassungen davon, was unter Rationalisierung des Produktionsprozesses verstanden werden soll, führten dazu, dass es zu einer ständigen Verschlechterung der Qualität der Konsumwaren kam. Es gab viele Betriebe, die jahre- und jahrzehntelang Ausschuss produzierten, die niemand kaufte. Das Politbüro erließ einen Beschluss, der die Schließung jedes Betriebes verlangte, der unverkäufliche Waren erzeugte. Nun wollte man ein Exempel statuieren und schlug in einer Eingabe vor, eine Schuhfabrik in Swerdlowsk zu schließen. Fünfzehn Jahre lang war dort Schuhwerk von solch miserabler Qualität angefertigt worden, dass der Handel sich weigerte, die Lieferungen anzunehmen, woraufhin die gesamte Produktion ohne Umweg über die Läden auf die Müllhalden wanderte. Doch bei der Beratung dieser Vorlage im Politbüro passierte Unerwartetes. Das Politbüromitglied Kirilenko erhob Einspruch: Wie können wir, Genossen, so etwas der Arbeiterklasse antun? Wenn unsere technische Intelligenz ihre Arbeit schlecht macht, warum müssen die Arbeiter leiden? Das war ein dicker Nagel in den Sargdeckel. Nie wieder erinnerte sich jemand des fraglichen Politbürobeschlusses, und ungestoppt wurde weiter Ausschuss produziert.«[32]

Ziellos ging ich im Arbeitsraum umher und blickte bedrückt auf die noch von anno Tobak stammenden Maschinen, von denen ich nicht viel verstand. Ich fühlte mich unsicher und überflüssig; die Arbeiter blickten mir prüfend und – wie mir schien – ein wenig spöttisch hinterher. Mir wollte das gar nicht behagen und ich beschloss, mich nach einer anderen Arbeit umzusehen.

Einer meiner neuen Bekannten, Herr A., ein älterer russischer Jude, der in der Arbeitskolonie ein Häftlingsorchester leitete, nahm sich meiner väterlich an. Als er erfuhr, dass ich Klavier spiele, meinte er: »Musiker werden überall gesucht« und versprach mir, sich in der »Zone« – so wurde im Dörfchen die Arbeitskolonie genannt – für mich einzusetzen. Es erwies sich aber, dass in der Kolonieschule für minderjährige Kriminelle vor allem Lehrerstellen vakant waren. Dank der Fürsprache des Herrn A. (auch später, als wir beide schon in Tomsk lebten, hat er mir bis an sein Lebensende selbstlos geholfen) stellte mich die Schuldirektion am 16. September 1944 als Lehrer für Mathematik, Physik und Zeichnen ein. An diesem denkwürdigen Tag war die entscheidende Wende in meinem Leben eingetreten: Ich ergriff *den* Beruf, der zu meinem Lebensberuf werden sollte und den ich über vierzig Jahre ausgeübt habe. Lehrer sein war wohl meine eigentliche Berufung im Leben: Meine Anlagen – Einfühlungsvermögen, Scharfblick und vor allem Humor – prädestinierten mich geradezu dafür.

Die Schule befand sich innerhalb der »Zone«, und um mir den Zutritt dahin zu ermöglichen, wurde mir ein Ausweis als NKWD-Beamter (!) ausgestellt. Wirtschaftlich stand ich mich nun erheblich besser: Mein Lehrergehalt (dazu kam noch eine Zulage von 20 Prozent für Arbeit unter erschwerenden Bedingungen) war bedeutend höher als mein früherer Verdienst.

Am 1. Oktober sollte der Unterricht in der Kolonieschule beginnen; ich hatte daher noch zwei Wochen Zeit, mich auf meine Tätigkeit vorzubereiten. In einem Kellerraum der Schule lagen, achtlos auf einen Haufen geworfen, physikalische Geräte; vermutlich stammten sie aus den westlichen Gebieten, denen die deutsche Besetzung gedroht hatte. Mich dauerten die verwaisten und verwahrlosten Geräte und ich machte mich voll Eifer an die Arbeit. Jetzt verbrachte ich die Tage im Kellerraum, der mit Gläsern, Büchsen rings umstellt, mit Instrumenten voll gepfropft war, säuberte alle Vorrichtungen von Staub und Schmutz, fügte auseinander gefallene Teile zusammen, reparierte, prüfte die Funktionsfähigkeit. Ich hatte mich auch sonst nie vor der Arbeit gedrückt, ob es das Roboten im Kolchos oder die stumpfsinnige Rechnerei im Büro gewesen war, aber diesmal arbeitete ich wahrlich hingebungsvoll. Eine versunkene Welt schien vor mir aufzusteigen: Aus den Geräten, die ich liebevoll instand setzte, sprachen mich die Tage sorgloser Schulzeit und meine Brünner Studienjahre an. Bald diese, bald jene physikalische Erscheinung offenbarte sich mir aus diesen Apparaten und gewährte mir den Trost, dass zumindest über die Naturgesetze Stalin und seine Kumpane keine Macht hätten.

Dass die bolschewistischen Ideologen wahrhaftig den Naturgesetzen und der Wissenschaft Gewalt antun wollten, zeigt die Hetzkampagne, die in jenen Jahren gegen die Relativitätstheorie, die Genetik und deren Begründer – Mendel, Weismann und Morgan –, später gegen die Kybernetik (alles »Pseudowissenschaften«) betrieben wurde. Als Pars pro toto sei hier ein Zitat aus dem in Moskau erschienenen »Abriss der Geschichte der Physik in Russland« angeführt, das sowohl die Geisteshaltung wie auch den bolschewistischen Jargon jener Zeit illustriert: »Die fortschrittliche Philosophie des dialektischen Materialismus, die von den großen Koryphäen und Klassikern des Marxismus-Leninismus Marx, Engels, Lenin und Stalin entwickelt wurde, ist die ideologische Grundlage der sowjetischen Physik. Das verleiht der sowjetischen physikalischen Wissenschaft eine hohe ideelle Ausrichtung und ermöglicht ihr, die idealistischen Entstellungen, die nicht selten der bourgeoisen Wissenschaft eigen sind, erfolgreicher zu bekämpfen.«[33]

Ihren Niederschlag fand die »fortschrittliche Philosophie« im russischen »Kurzen philosophischen Wörterbuch«[34], worin unter anderem deutsche Gelehrte mit folgenden Charakteristiken bedacht wurden (die Namen sind alphabetisch angeordnet): *Einstein, Albert* (S. 516 ff.): »... Einstein ignoriert die faktische Grundlage der Relativitätstheorie. ... Ausgehend von einer falschen Interpretation der Allgemeinen Relativitätstheorie, gelangt er zu reaktionären, unwissenschaftlichen Schlussfolgerungen ... Einsteins Fehler demonstrieren die Art und Weise, wie eine richtige physikalische Theorie in einer von fortschreitender Fäulnis befallenen Gesellschaft ent-

stellt und dem Idealismus dienstbar gemacht wird...« (In einer
anderen, im Selbstverlag herausgebrachten Schrift gelingt es dem
Autor ganz einfach, ohne sich dabei auf die Finessen der höheren
Mathematik einzulassen, die Relativitätstheorie zu »widerlegen«.
Aufschluss über den Charakter dieser 1991 (!) erschienenen Broschüre gibt folgender Passus: »Seit damals [1919 – Anm. d. V.] erfreuten sich Einstein und seine Theorie der Gunst des Weltzionis-
mus, dem sie nun dienten und der sie benutzte, um seine Ziele zu
erreichen, wobei jede kritische Äußerung über die Relativitätstheorie als ›antisemitisch‹ qualifiziert wurde.«[35]

Fichte, Johann Gottlieb (S. 561 f.): »... Fichte rühmt die absolute Wil-
lensfreiheit, glaubt an Gott und an die Unsterblichkeit der Seele...
(Die kommunistische Ideologie sieht darin ›Todsünden‹
[Anm. d. V.])... Besonders reaktionäre, idealistische Ideen entwickelt Fichte in Bezug auf die Begriffe ›Recht‹ und ›Staat‹... Als
wichtigste Aufgabe des Staates bezeichnete er die Erhaltung des Jun-
kertums, der Industrie und des Kommerzes...«

Freud, Sigmund (S. 569 f.): »... Der reaktionäre Inhalt der Freudschen Lehre offenbart sich in den lächerlichen Versuchen, soziale
Probleme zu ›erklären‹... Die deutschen Faschisten bedienten sich
der Freudschen Lehre zur Rechtfertigung ihrer menschenfeindli-
chen Praktiken... «

Kant, Immanuel (S. 172 ff.): »... Die Philosophie Kants wurde in der
Vergangenheit und wird auch jetzt von der reaktionären bourgeoisen Ideologie sowie von den Opportunisten innerhalb der Arbeiterbewegung übernommen... Die Verräter und die Abtrünnigen aus
dem Lager der Reformisten stützen sich auf Kants Philosophie, um
den Sozialismus in ein unerreichbares, abstraktes Ideal, gewissermaßen in ein ›Ding an sich‹ zu verwandeln, woran man nur glauben
soll – sonst nichts... «

Nietzsche, Friedrich (S. 337 f.): »... extrem reaktionärer deutscher
Philosoph, Vertreter einer idealistischen Weltanschauung, offener
Apologet der Ausbeutung (der Arbeiter – Anm. d. Verf.) durch die
Bourgeoisie, befürwortete eine Politik der Aggression, direkter Vor-
gänger der faschistischen ›Ideologie‹...«

Schopenhauer, Arthur (S. 590 f.): »... extrem reaktionärer deutscher
Philosoph, Vertreter einer idealistischen Weltanschauung... Sein

Voluntarismus und Menschenhass bildeten die Quellen der räuberischen ›Ideologie‹ des deutschen Faschismus...«

Spengler, Oswald (S. 591 f.): »... deutscher Philosoph, vertrat eine idealistische Weltanschauung, Erzreaktionär,... einer der Wegbereiter des Faschismus...«

Bezeichnend ist die Metamorphose, die Gregor Mendel in der Sowjetunion hat erfahren müssen. Während der Stalin-Ära erscheint er als »österreichischer Mönch«, Begründer einer »irrigen, metaphysischen Vererbungslehre«, der die »berüchtigten, nicht gültigen ›Erbsen‹-Gesetze« (im russ. Original: ›gorochowych‹ sakonow) dekretiert hat[36]; nach den »Ereignissen von 1968« in der Tschechoslowakei (Breschnew-Ära) avanciert er zu einem »hervorragenden tschechischen Gelehrten«[37] und beschließt seine Laufbahn bescheiden als »österreichischer Naturforscher«[38] (Gorbatschow-Ära).

Ein schöner Passus zum Stichwort »Mendelismus« findet sich im »Kurzen Fremdwörterbuch«: »Der Mendelismus, eine reaktionäre Richtung in der Biologie, ist eine Untergruppe des Weismannismus-Mendelismus-Morganismus, benannt nach dem österreichischen Mönch Mendel (1822–1884), der Kreuzungsversuche mit verschiedenen Pflanzen anstellte. Der Mendelismus, eine der Grundlagen der bourgeoisen Genetik, wurde von den Feinden des Darwinismus dadurch begründet, dass sie die Bedeutung eines Sonderfalls der Mendelschen Versuche mit Erbsen fanatisch herausstrichen. Der Mendelismus beruht auf der metaphysischen Vorstellung, dass jedes Merkmal eines Organismus durch einen besonderen ›Vererbungsfaktor‹ bestimmt ist wie auch darauf, dass die Herausbildung von Erbanlagen durch mechanische Kombination dieser unveränderlichen Faktoren nach dem Zufallsprinzip erfolgt. Der Mendelismus ist eine pseudowissenschaftliche Anschauung, die sich auf die Landwirtschaft insofern nachteilig auswirkt, als sie die Landarbeiter darauf orientiert, passiv auf ›glückliche Zufälle‹ zu hoffen bzw. sich mit ›Schatzgräberei‹ zu befassen. K. A. Timirjasew, I. W. Mitschurin und andere fortschrittliche russische Wissenschaftler führten einen unversöhnlichen Kampf gegen den Mendelismus. Die Vertreter der Mitschurinschen Biologie, an ihrer Spitze T. D. Lyssenko, Mitglied der Akademie der Wissenschaften, haben den Mendelismus endgültig zerschlagen, indem sie seine wissenschaftliche Haltlosigkeit sowie seine Feindseligkeit gegenüber der progressiven Wissenschaft nachwiesen.«[39]

Das bedenkenlose Streben der bolschewistischen Ideologen, das Prestige der sowjetischen Wissenschaft um jeden Preis hoch zu halten und gleichzeitig die »bourgeoise« Wissenschaft zu diffamieren, wie auch ihr krankhaft überspitztes Geltungsbedürfnis haben ihnen aber einmal – irgendwann in den fünfziger Jahren – übel mitgespielt. Ein findiger amerikanischer Reporter lancierte damals in einer USA-Zeitung die Nachricht, dass es dortigen Wissenschaftlern gelungen sei, einen Apparat zu bauen, der imstande ist, mittels einer ausschließlich mechanischen (!) Konstruktion die Gravitation aufzuheben. Versuche hätten gezeigt, dass dieser Apparat bereits auf einige Meter Höhe steigen könne. Diesen Köder haben unsere überklugen Ideologen prompt angebissen, und mit Bezug auf jene Notiz verkündeten sie in einer Moskauer Zeitung (Titel und Datum sind mir entfallen) urbi et orbi, dass in der Sowjetunion schon seit geraumer Zeit Versuche angestellt würden, die eine Aufhebung der Gravitation mit mechanischen Mitteln bezweckten. Diese Versuche, hieß es weiter, hätten zu erfolgreichen Ergebnissen geführt; man werde die Öffentlichkeit auf dem Laufenden halten... Das Ganze erinnert an Karl Kraus' Reportage vom »heulenden Grubenhund«, der seinerzeit die Wiener »Presse« aufgesessen ist.

Der Schuldirektor, der meinen Eifer merkte, wies mir in der Schule ein kleines Zimmer zu, das ich als physikalisches Kabinett einrichten sollte. Nach meinen Angaben wurden Wandgestelle angefertigt, und darauf stellte ich säuberlich alle Geräte, geordnet nach den Teilgebieten der Physik. Ich hatte meine Freude an dem Kabinett, und auch der Direktor schien zufrieden. Ich hielt mich nun gern darin auf: Diesmal hatte ich eine wahre Zuflucht, gewissermaßen ein kleines Hoheitsgebiet, wo ich mit meinen lieben Geräten stumme Zwiegespräche führte. In dieser Zeit stellte ich auch die Lehrpläne für das erste Halbjahr auf; die Leiterin des Lehrkörpers, Klawdia J., eine aus Leningrad evakuierte allein stehende, sehr gebildete Frau, gab mir dazu die Anleitung. Mir schien die peinlich genaue Ausarbeitung des Planes (allerlei Spalten, Pflicht- und Erfüllungstermine, alles genau nummeriert) etwas pedantisch, aber wohlweislich enthielt ich mich der Kritik und tat sogar ein Übriges:

Die horizontalen und die vertikalen Linien zog ich mit Farbstift; das farbenprächtige Opus nahm sich gut aus.

Etwa Mitte September werden in Sibirien die Kartoffeln gegraben, und um diese Zeit arbeiten die Kolonisten, wie die jungen Kriminellen genannt werden, unter Bewachung auf den Feldern. Mit Beginn der Schulzeit ändert sich der Tagesablauf: Vormittags gehen die Kolonisten in die Schule, nachmittags arbeiten sie in der Tischlerei. Die Hauptfiguren im Personal sind die Erzieher: Sie wachen darüber, dass die Kolonisten die vorgeschriebene Ordnung einhalten, geleiten sie in den Essraum, in die Schule, in die Tischlerei und sorgen schließlich für die Freizeitgestaltung. Zu meiner Zeit waren es tüchtige, erfahrene Männer, von denen einige selbst aus der Makarenko[40]-Kolonie stammten. Einer der Erzieher, ein Tatar, der mit den Kolonisten allabendlich Volkstänze einübte, trug mir die Klavierbegleitung auf. Ich tat es gern und konnte mir dabei meine künftigen Schüler besehen. Äußerlich waren sie kaum voneinander zu unterscheiden: alle kurz geschoren, Bluse und Hose khakifarben. Aber die Augen! Die meisten blickten stumpf und gleichgültig vor sich hin, manche schauten verschlagen aus zusammengekniffenen Augen drein, und nur wenige hatten einen offenen, kindlichen Blick. Der erste Oktober war herangerückt, und mit einigem Herzklopfen betrat ich das Klassenzimmer, wo fünfzehn Augenpaare mich luchsäugig schonungslos musterten. Der Unterricht in der Kolonieschule hatte seine Eigenheiten: Den Schülern wurden keine Lehrbücher ausgegeben, denn die Schulleitung befürchtete nicht zu Unrecht, dass sich die Bücher nur zu bald in den Händen der Kolonisten in Zigarettenpapier verwandeln würden. Es gab demnach auch keine Hausaufgaben, den Schülern wurden Hefte nur für Schularbeiten ausgegeben. Die Kolonisten mussten den Stoff ausschließlich in der Unterrichtsstunde erfassen, und das Erstaunliche dabei ist, dass viele sich auch unter diesen Bedingungen genügendes Wissen erwarben. Ja, es waren die Dümmsten nicht, die – jeder auf seine Weise – den Weg in die Kolonie gefunden hatten.

Die Leiterin des Lehrkörpers betreute mich bei meinen ersten Schritten und hospitierte, selbst Mathematikerin, in meinen Mathematikstunden. Großer Gott! Was ich danach zu hören bekam! Ich hätte die Tafelfläche nicht rationell ausgenutzt und überdies die Formeln, während ich sie anschrieb, mit dem Rücken verdeckt – ich müsse mich seitlich zur Tafel stellen und mit ausgestrecktem Arm schreiben; ich hätte mich mit einem Schüler, der eine einfache Frage nicht begriffen hatte, zu lange aufgehalten, während die anderen indessen aus Langeweile Unfug trieben – ich müsse stets die ganze Klasse im Auge behalten usf. Nach Hause gekommen warf ich mich aufs Bett und heulte los – vor Wut. Nein, nicht über Klawdia J.: Sie war im Recht! Vor Wut über mich, weil ich mich so ungeschickt angestellt, so erzdumm verhalten hatte. Klawdia J. hospitierte noch in vielen meiner Stunden, feilte an mir, stutzte mich zurecht und brachte mir nach und nach die Grundbegriffe der Pädagogik bei. Diese Schulung, Beobachtung und eigene Erfahrung machten schließlich aus mir einen Lehrer.

Die bolschewistische Ideologie hat nicht nur den Inhalt, sondern auch die Form der sowjetischen Pädagogik geprägt. Der Erziehungsprozess wird nicht nach seinem Ergebnis, sondern nach der Quantität der geleisteten »erzieherischen Arbeit« bewertet. *Der* gilt als guter Erzieher, der soundso viel Versammlungen abgehalten, soundso viel »individuelle Gespräche« mit den Schülern geführt hat usw. Was dabei herauskommt, ist nicht so wichtig. »Ich habe anderthalb Stunden auf ihn eingeredet, und -- da haben wir's: Wieder hat er ...«, lamentiert eine Lehrerin im Pädagogischen Rat, und die Lehrerschaft schüttelt teilnahmsvoll den Kopf. Ja, meine Beste, ebendeshalb, der einer halben Ewigkeit dauernden Marter wegen hat er wieder ... Gut, insbesondere viel zu reden, verstehen die meisten sowjetischen Erzieher; gut zu schweigen – die wenigsten. Mit bolschewistischer Ideologie infiziert, bemühen sich die Erzieher krampfhaft, dem Gegenspieler ihren Standpunkt aufzudrängen, und geben sich rasch zufrieden, wenn der Gepeinigte endlich ein paar zustimmende Worte aus sich herauspresst. (Das Gesagte bezieht sich nicht auf die Erzieher in der Kolonie.)

Sowohl die Lehrer als auch die Erzieher, die meine außerschulische Betätigung in der Zone förderten, rieten mir zur Vorsicht im Umgang mit den Kolonisten: Ich möge mich vor Taschendieben hüten. Um der Warnung Nachdruck zu verleihen, berichtete man mir von einigen Begebenheiten: Ein angehender Lehrer, Neuankömmling in der Kolonie, pflegte seine Taschenuhr auf das Katheder zu legen und, während er, auf und ab gehend, tief schürfend die Geschichte der kommunistischen Arbeiterbewegung darlegte, von Zeit zu Zeit auf die Uhr zu schauen. Als er wieder einmal hinsah, wurden ihm die Augen feucht: Es war die Zeit für ihn vorbei ... Auch erfahrene Lehrer blieben von der Kunstfertigkeit ihrer Zöglinge nicht verschont. Eine ältere, behäbige Lehrerin hatte es sich am Lehrertisch bequem gemacht: Sie schob die Beine unter den Tisch und schlüpfte aus den engen Schuhen. Dann trug sie mit inniger Empfindung einige Gedichte vor ... Nach Hause ist sie barfuß gegangen.

Nun, ich hatte mein Nowosibirsker Abenteuer noch gut im Gedächtnis und war durch diesen Schaden klug geworden: In die aufgesetzten Taschen meiner Bluse steckte ich nichts mehr und meine Börse hatte ich in der Hosentasche verstaut. »Da kommen sie nicht ran«, dachte ich zuversichtlich. Bald aber musste ich einsehen, meine jungen Freunde unterschätzt zu haben: Als ich eines Tages in die Hosentasche griff, war sie leer. Sie hatten das Ding gewandter gedreht als jene Ganoven in Nowosibirsk – ohne Rauferei, ohne Püffe. Eigentlich war es nur um die gute, lederne Börse schade, die ich noch von zu Hause hatte; ihr Inhalt, einige Münzen, machte nicht viel aus. Aber dass sie mir mit der Börse auch den Schlüssel vom physikalischen Kabinett geklaut hatten, war schlimm. Die Folgen blieben nicht aus: Nach einigen Tagen verschwand die Glühlampe (an Lampen herrschte empfindlicher Mangel) in meinem Kabinett. Aber auch das war nicht der letzte Verlust: Nach einigen Monaten stahlen sie mir ein Photometer. Doch damals hatte ich schon das Vertrauen und die Zuneigung vieler meiner Zöglinge gewonnen; am selben Abend hielt ich in der Zone einen kleinen Vortrag über »Vulkane« – die obligatorischen Konzepte meiner Vorträge wurden stets vom Schuldirektor durchgesehen und unterschrieben, auf dass ich, Gott behüte!, nichts Konterrevolutionäres aufs Tapet bringe – und schloss mit den Worten: »Mir ist ein Gerät im physikalischen Kabinett abhanden gekommen. Für euch ist das nur ein Spielzeug; ihr werdet zwei, drei Tage damit spielen und es dann wegwerfen. Mir aber werden dafür fünfhundert Rubel vom Gehalt abgezogen.« Am nächsten Tag stand das Photometer im Kabinett. Einmal noch demonstrierten mir die Jungen überzeugend ihre professionelle Befähigung: Als ich eines Abends in die Tasche griff, zog ich einen ...

Heringsschwanz hervor! Oh, das war eine Auszeichnung, auf die ich stolz sein durfte: Ich hatte mir ihre Herzen erobert!

Bei den Kolonisten könne man zwei Kategorien unterscheiden, belehrten mich die Erzieher. Zur ersten Kategorie zählten diejenigen, die durch die Wirrnisse der Zeit aus der Bahn geschleudert worden waren. Stiefkinder des Kriegs, die ihre Angehörigen verloren hatten, vagabundierten sie nun im Land umher, da und dort etwas wegschnappend, was sich fassen ließ. Den meisten gereichte der Aufenthalt in der Kolonie zum Nutzen und sie konnten wieder einer geregelten Tätigkeit nachgehen. Zur zweiten Kategorie gehörten Taschendiebe und Einbrecher (Rückfalltäter, die das Verbrechen als Element einer normalen Lebensweise ansahen) sowie schwere Jungen, die einen Mord oder eine Vergewaltigung auf dem Gewissen hatten. Wurden sie freigelassen, so antworteten sie gewöhnlich auf die Frage, was sie nun zu tun gedächten, zynisch: »Weiter stehlen!« Und richtig, nach ein paar Monaten waren manche wieder da.

Während einer meiner Stunden war ich Zeuge eines Ausbruchs blinder Wut, der einen der Zöglinge das Leben hätte kosten können und mich erzittern machte: Ein Kolonist, der wegen Mordes hier eine Freiheitsstrafe abbüßte, ergriff, durch eine abfällige Bemerkung seines Klassenkameraden gereizt, ein schweres Tintenfass aus Steingut und schleuderte es mit aller Wucht nach seinem Beleidiger. Es flog haarscharf am Kopf jenes Jungen vorbei und schlug an die Wand, in Hunderte von Splittern zerberstend. In der Klasse wurde es totenstill; der Tintenfleck zog sich in dünnen Fäden nach unten. All das geschah so plötzlich, dass ich nicht eingreifen konnte.

Aber außer diesen beiden zahlenmäßig großen Kategorien gab es noch eine kleine, isoliert stehende Gruppe von vier Kolonisten im Alter von zwölf bis dreizehn Jahren. Das waren, so unglaublich es klingen mag, die »Politischen«. Diese, noch halbe Kinder, waren sich in ihrer kindlichen Naivität all der Verworfenheit und Ruchlosigkeit des bolschewistischen Regimes bewusst geworden, ließen es im Unterschied zu den kleinmütigen Erwachsenen an Entschlossenheit nicht fehlen und hatten sich zu geheimen Beratungen getroffen. Der stets wache NKWD, der dank der vorbildlichen Schulung seiner Agenten, Spitzel und Denunzianten bald das Nest aufstöberte, sah in diesen Kindereien eine ernstliche Gefährdung der Grundfesten des Staates. Das durfte sich das »Bollwerk des Friedens und der Freiheit« nicht bieten lassen, und gemäß dem berüchtigten Paragraphen 58 (konterrevolutionäre Verbrechen) wurden dem »Rädelsführer« sechs Jahre, den übrigen je vier Jahre aufgebrummt. Nun konnten die jungen Träumer in Muße über die Grundbegriffe der Menschenrechte nachdenken…

Diese »Umstürzler« waren hier ihren Altersgenossen in der geistigen Entwicklung weit überlegen; in der Schule wiesen sie ausgezeichnete Leistungen auf. Der »Rädelsführer« P.[41], damals ein vierzehnjähriger Junge mit dunklen, schwermütigen Augen, war mir von Anfang an durch sein sonderbares Aussehen aufgefallen – er glich einer Schwangeren: Unter der Bluse trug er stets einige aus der Bibliothek entliehene Bücher, Werke russischer Klassiker, die er auf solche Art vor dem Schicksal, zu Zigaretten verarbeitet zu werden, zu schützen suchte. In der Schule zeugten seine Leistungen von einem frühreifen, klaren und tiefen Verstand. Sein »Mitverschworener« Sch., ein jüdischer Junge, der nur vier Jahre abbekommen hatte, schien sein Schicksal nicht so tragisch zu nehmen; von heiterer Gemütsart, war er oft sogar ausgelassen; in meinen Stunden trieb er oft Schabernack. Mit leichter Hand schrieb er Gedichte, und ein Epos, worin er das Leben und Treiben in der Kolonie geistreich parodierte, auch an mir seine Feder wetzend, zeugte von Begabung. Diese Jungen hungerten nach geistiger Nahrung, sie suchten meinen Umgang und versäumten nie meine Vorträge. Dass uns, sie und mich, der gleiche Strick fesselte, dürften sie geahnt haben.

Spätherbst 1944. Meine Mokassins waren schadhaft geworden – nur das Oberleder hielt noch, die Sohlen hatte ich völlig durchgelaufen, und wenn ich morgens in die Zone ging, krachten die dünnen Eiskrusten über den Pfützen unter meinen nackten Füßen. Nicht einmal einen Schnupfen habe ich mir dabei geholt, ebenso wie ich auch in den vergangenen Hungerjahren niemals krank gewesen war. (Fast niemand von den Verbannten erkrankte, man starb bloß…) Mit meinem ersten Monatsgehalt machte ich mich auf den Weg nach dem Tomsker Basar, wie der Schwarzmarkt hier offiziell genannt wird; im Volksmund heißt er »Tolkutschka« (etwa »Gedrängel«) und kaufte mir ein Paar feste Schuhe made in USA und einen dunkelblauen Sakko aus feinem Tuch, der mir wie angegossen saß – alles Beutestücke. Dann erstand ich noch einen massiven stählernen Löffel; auf der Rückseite des Stiels war die deutsche Bezeichnung »ROSTFREI« zu lesen. Der linke Rand am Oval des Löffels war merklich dünner: Der ehemalige Besitzer des Löffels hatte wohl allzu eifrig damit am Boden seines Kochgeschirrs geschabt... Wo mag ihm der Löffel aus der Hand gefallen sein, wo ruhen die Gebeine dessen, der Hunger und Kälte nicht mehr zu fürchten braucht?

Meine Garderobe hatte sich nun beachtlich aufgefüllt: Mein lieber Freund Julius Milcher* hatte mir aus Czernowitz (die Stadt war inzwischen befreit worden) ein Paket geschickt mit einem Paar rehbraunen Hosen, dazu noch zweimal Geld überwiesen. Auch meine Tante Gusta, eine fast siebzigjährige, arme Frau, die aus einem faschistischen KZ in Transnistrien zu Fuß nach Czernowitz zurückgekehrt war, sandte mir etwas Geld. Meine Mitbewohnerin, die Lettin, erbot sich, meinen Mantel, der schon schadhaft geworden war, zu wenden. Die linke Seite des Stoffes erwies sich als groß kariert, und im »neuen« Mantel sah ich etwas absonderlich aus.

Der Winter 1945 brachte von Woche zu Woche hoffnungsvollere Berichte von der Front, und das Kriegsende deutete sich immer greifbarer an. Den hier arbeitenden Verbannten, darunter auch mir, wurden »provisorische Personalausweise« ausgestellt, was eine wesentliche Besserung unseres Status bedeutete. Eine leise Hoffnung, dass man uns nach Kriegsende werde nach Hause ziehen lassen, gab mir neuen Mut.

Wirtschaftlich ging es mir nun erheblich besser. Ein höherer Beamter, der wohl meine Lehrtätigkeit hatte rühmen hören, ließ sich die Gelegenheit nicht entgehen, sein Töchterchen in deutscher Sprache auszubilden. Zweimal wöchentlich gab ich Sophia – so hieß das Mädchen – Privatstunden in Deutsch. Das begabte Kind kam gut voran und konnte schon nach einigen Monaten fast fehlerlos kleine Aufsätze schreiben. Für meine Stunden bekam ich als Naturallohn drei Eimer Kartoffeln im Monat, und das Besondere daran ist, dass ich auch wirklich imstande war, das ganze Quantum restlos aufzues-

---

* Julius Milcher (Dipl.-Ing.) wurde zu Kriegsbeginn eingezogen, kämpfte in den tschechischen Einheiten der Roten Armee an der Ostfront, wurde schwer verwundet (er verlor den rechten Arm), ging nach Kriegsende in die Tschechoslowakei, später nach Deutschland, wanderte schließlich nach Israel aus, verstarb dort 1986 an einem Hirntumor.

sen. Allerdings haperte es mit dem Kochgeschirr; mein alter, noch in Wassjugan verlöteter Topf war schon ganz kaputt, und in den Läden gab es derlei wie auch sonstige brauchbare Waren nicht. Schließlich erstand ich bei einem Händler einen aus einem Regenrohr gefertigten Blechtopf. Er war etwa zwanzig Zentimeter hoch; da die Bodenfläche klein war, dauerte es ungefähr zwei Stunden, bis die Kartoffeln gar waren. Dabei durfte ich die ganze Zeit unsere Gemeinschaftsküche nicht verlassen, sonst fischte man mir die Kartoffeln aus dem Topf.

Weil die knappe Brotration, die mir zugeteilt wurde, mich nicht sättigte, erlaubte ich mir von Zeit zu Zeit eine kleine Schlemmerei: Ich kaufte auf dem kleinen Markt in Dserschinski einen Laib Brot (für 50 Rubel!) und einen Krug Vollmilch. Zu Hause fiel ich darüber her und verschlang auf einen Sitz die Hälfte dieser Leckerbissen; ich hätte auch alles auffressen können, unterdrückte aber meine Gier – nicht etwa, weil ich eine Verdauungsstörung befürchtete, sondern weil ich den Rest für einen zweiten Schmaus aufsparte.

Und dann war er endlich gekommen, der Tag des Sieges, das Ende dieses unseligen, schrecklichen Krieges. Ein unbeschreiblicher Jubel erfasste alle; Jung und Alt, Kolonisten und Erzieher, Lehrer und Wachsoldaten, Frauen, Kinder beglückwünschten einander, tauschten Küsse aus, tanzten auf den Gassen. Auf dem Platz vor dem Verwaltungsgebäude trat die Wache in Linie an und feuerte aus den Gewehren eine Salve in die Luft. Es war ein unvergesslicher Tag! Alle Nöte, alle Leiden, die der Krieg gebracht hatte, sollten nun ein Ende haben. Einige Tage darauf wurde ein Regierungserlass verlautbart, wonach allen Sowjetbürgern das während des Krieges aufgehobene Anrecht auf Urlaub wieder zugestanden wurde. Ich durfte also meinen ersten Urlaub erwarten! »Vielleicht kommt noch mehr?«, machte ich mir Hoffnungen.

Die Zeit verrann schnell, die Schule sollte bald schließen, und den Lehrern wurden die lang erwarteten Urlaubstermine bekannt gegeben. Mein Name war in der Liste nicht angegeben. Der Direktor, etwas verlegen, erklärte mir, dass über meinen Urlaub noch nicht entschieden sei, ich möge mich an den Natschalnik wenden. Also begab ich mich, bestürzt und beunruhigt, ins Verwaltungsgebäude, wo sich die Kanzlei befand. Der Natschalnik, ein NKWD-Oberst, erwies sich als wahres Ekel. Ohne mich auch nur recht anzuhören, schickte er mich auf die Heumahd. »Für solche wie dich gibt es keinen Urlaub«, fauchte er mich an. Das war gelogen. Auch für mich als Verbannten galten die Bestimmungen des Arbeitsrechts: Ich wurde gesetzmäßig als Lehrer eingestellt, bezog ein Gehalt, war an Sonn- und Feiertagen dienstfrei. Aber was galt hier schon ein Gesetz! Nicht ohne Grund hat der Volksmund das Sprichwort geprägt: »Das Gesetz gleicht einer Deichsel: Wohin sie gewendet wird, dorthin wird man gefahren.« Meine Widerrede war zwecklos; er wies mir die Tür. Ich stolperte die Treppe hinab, Bitternis im Herzen: »Solche wie ich ...« Ich war ein Unfreier, ein Paria, der alles hinnehmen musste. (Das Jahr darauf bekam ich übrigens meinen Urlaub; der dünkelhafte Despot im Verwaltungsgebäude hatte wohl einsehen müssen, dass er im Unrecht war.)

Ich fügte mich also. Das Mähen fiel mir schwer; ich hatte weder die Fertigkeit noch die Kraft dazu. Sosehr ich mir Mühe gab, ich kam, erschöpft und schweißtriefend, nur schlecht voran und konnte mit den Mähern, die in einer Linie vorwärts schritten, nicht mithalten. Bei diesen schien meine Plackerei Mitleid zu erwecken; nach drei Tagen schickte man mich fort. Mir wurde Arbeit im Büro aufgetragen: Ich musste die Akten der Kolonisten ordnen, was ich auch gewissenhaft tat. Die Arbeit machte mir nicht viel zu schaffen, und um sechs Uhr abends war ich schon frei. Körperlich fühlte ich mich besser: Kartoffeln, Brot, Milch, zuweilen ein wenig Fleisch hatten ihre Wirkung getan. Ich wollte versuchen, nun wieder in Form zu kommen, baden, schwimmen gehen. Wann hatte ich das letzte Mal geschwommen? Ach ja, das war fünf Jahre her, im Frühsommer 1940 ... Pruth ... Gänsehäufel ... Lucie. Es war eine glückliche Zeit.

Unweit von Dserschinski liegt ein Teich, seiner Form wegen, die der Ziffer »8« ähnelt, »Wosmjorka« (»die Acht«) genannt. Das Wasser war klar, und man hätte dort schwimmen können, aber mir fehlte die Badehose. In den Läden wurde dieses an bourgeoisen Dünkel gemahnende Requisit nicht geführt; wer baden wollte, ging einfach in der Unterwäsche ins Wasser. Das wollte mir nicht gefallen. Die Lettin, die mir den Mantel gewendet hatte, riet mir, ein Damenhöschen zu kaufen – sie würde mir daraus eine Badehose schneidern. Von nun an ging ich allabendlich, meine zarte himmelblaue Badehose und ein Handtuch unterm Arm, zum Teich und schwamm – anfangs ging mir gleich der Atem aus – einige Runden. Noch ein lang entbehrtes Vergnügen konnte ich mir jetzt gönnen: Aus der Bibliothek durfte ich Bücher und die »Prawda« (»Die Wahrheit«) entleihen. Bisher hatte man uns Verbannten nicht erlaubt, Zeitungen zu lesen – ein Verbot, das mir unerklärlich bleibt, denn es standen ohnehin nur Prahlerei und leerer Quatsch darin. »Solche wie ich« waren eben nicht würdig, ihr bourgeoises Auge auf die hehre »Prawda« zu richten. (Es ist bezeichnend, dass ein ähnliches Verbot in Hitlerdeutschland für die Sternträger galt; die Parallele ist aufschlussreich. Unser Status »spezperesselenez« [»Zwangsaussiedler«] war gleichsam das begriffliche Pendant zum gelben Judenstern.) Nach Jahren geistiger Untätigkeit war ich ausgehungert nach Lektüre; ich verschlang alles, was sich mir darbot – Zeitungen, Literatur, so banal der Inhalt manchmal auch war.

Ich hatte schon einen Monat im Büro gearbeitet, als ich unerwartet zum Natschalnik bestellt wurde. Was hatte er im Sinn? Was stand mir bevor? Wie furchtbar doch dieses Gefühl der Unfreiheit, der Abhängigkeit den Menschen bedrückt! Ist er aber noch Mensch, wenn er wie ein Sklave, eher noch wie ein dressiertes Tier, über sich nicht verfügen darf, nur zu gehorchen hat: »Tu das!«, »Geh hin!«, »Komm her!«?[42] »Der Mensch ... ist frei, und würd' er in Ketten geboren ...« – dies verkündete der Genius, doch zu seiner Zeit waren der Bolschewismus und der Faschismus noch nicht erfunden.

Der Paria hat zu parieren. Wider Erwarten nahm mich der Natschalnik nicht unfreundlich auf. Er wies auf einen Stoß Schriftstücke, die die Kolonisten betrafen – Zeugnisse, Beurteilungen, Gerichtsakten und dergleichen. »Alle diese Papiere müssen gesiegelt werden«, sagte er, »du kannst mir diese Arbeit abnehmen.« Er hieß mich am breiten Schreibtisch Platz nehmen, setzte sich neben mich und unterwies mich umständlich, wo und wie ich das Siegel aufdrücken müsse. Eine Weile sah er mir zu, dann vertiefte er sich in seine Arbeit. Etwa nach einer Viertelstunde erhob er sich. »Ich habe jetzt zu tun, mach weiter«, warf er hin, verließ die Kanzlei und schloss die Tür.

Ich blieb im großen Raum allein; eine Wanduhr tickte leise. Versonnen siegelte ich Schriftstück um Schriftstück. Und da hörte ich das kleine Teufelchen flüstern: »Lass dir die Gelegenheit nicht entgehen! Sieh, hier liegen unbeschriebene Blätter; drück das Siegel auf ein Blatt, steck es in die Tasche! Du kannst dir darauf eine Order für eine Dienstreise nach Czernowitz ausschreiben! Und dort... dort werden dir deine Freunde weiterhelfen.« Schon wollte ich die Hand nach einem der Blätter ausstrecken – wie das Siegel mir die Hand sengte! –, besann mich aber und ergriff ein Schriftstück, drückte das Siegel darauf. Das Teufelchen lockte, ich zauderte. Wieder und wieder vernahm ich die leise, einschmeichelnde Stimme, wieder und wieder zauderte ich. Schließlich hatte ich das letzte Schriftstück gesiegelt, saß eine Weile untätig da und starrte auf das Siegel. Und da trat auch schon der Natschalnik herein, warf einen Blick auf die Papiere, nickte mir zu und hieß mich gehen. In Gedanken versunken, ging ich nach Hause. Hatte ich meine große Chance verpasst?

Heute, nach Jahren, da ich die Schliche jener Brüder schon kenne, komme ich zur Einsicht, damals einer großen Gefahr entgangen zu sein. Hatte mir mein Zaudern seinerzeit Lucie entführt, so hat es mich diesmal gerettet. So von ungefähr vertraut man einem »solchen wie mir« das Siegel, das Heiligtum jedes sowjetischen Amtes, nicht an, zumal ein Dutzend Beamte, die im Vorraum der Kanzlei beschäftigt waren, diese Arbeit hätten erledigen können. Ich bin fest überzeugt, dass mir eine Falle gestellt und ich die ganze Zeit von irgendwoher beobachtet wurde; sie wollten mich auf frischer Tat ertappen. Dem menschenfreundlichen Natschalnik hätte der Streich, wäre er gelungen, wahrscheinlich eine Medaille eingebracht, mir zweifellos das Lager, wenn nicht den Tod.

Den Letten hatte man die Rückkehr in die Heimat erlaubt; die lettische Familie, die mit mir das Zimmer teilte, reiste ab. Glück auf! Vielleicht wird mein Weizen auch noch blühen? Mir wurde ein neuer Zimmergenosse zugewiesen, der Czernowitzer K. Als er einmal vom Markt kam, wo frisches Fleisch angeboten wurde, sagte er träumerisch: »Wenn ich wieder einmal nach Hause komme, werde ich mir auf dem Dachboden (!) auch ein Kalb halten.« Ähnliche Gedankengänge hatte ich in Stalinka gehegt, als mir der fade Erbsenbrei wie eine Köstlichkeit erschienen war. Die Hungerjahre hatten sich auch auf unsere Psyche ausgewirkt. Nach einiger Zeit wurde mein Zimmergenosse versetzt, und ich blieb alleiniger Bewohner des Zimmers.

Das neue Schuljahr hatte begonnen. Klawdia J. hospitierte nicht mehr in meinen Stunden; ich hatte mir schon Achtung erworben und galt als tüchtiger Lehrer. Einige Male durfte ich mit Klawdia J. in den Unterrichtsstunden angehender Lehrer hospitieren und dann die Leistungen beurteilen. Ein Vortrag, den ich im Pädagogischen Rat zu einem didaktischen Thema hielt, und zwei »offene Stunden«, die ich in Physik gab, wurden gut aufgenommen.

Mit den Kolonisten verstand ich mich immer besser. Im Umgang mit ihnen bemühte ich mich um eine klare, eindringliche Sprache; ich ließ sie nie meine geistige Überlegenheit fühlen, vermied Ironie, hohle Phrasen, leere Versprechungen und nichts sagende Zitate. Aufrichtig gegen die Zöglinge zu sein, hielt ich für das oberste Erziehungsprinzip.

Ich erinnere mich an eine Begebenheit, die sich während einer meiner Physikstunden zugetragen hat. Ch., ein rothaariger, nicht unkluger, aber aufsässiger Junge, trieb allerlei Unfug, unterbrach mich des Öfteren mit kecken Worten; meine wiederholten Ermahnungen schlug er in den Wind. Schließlich verlor ich die Fassung; ich erhob mich und brachte mit verhaltener Wut halblaut hervor: »Ch.! Heute ist herrliches Wetter. Sieh, der Himmel ist blau, die Sonne strahlt. Geh mal hinaus ins Freie, leg dich ins Gras und ruh dich aus!« – »Aha«, entgegnete er hämisch, »damit Sie's gleich dem Erzieher hinterbringen!« – »Nein«, antwortete ich fest, »ich gebe dir mein Wort: Niemand wird etwas erfahren. Geh und lass uns in Ruhe!« Zu meiner Verwunderung rührte er sich nicht vom Platz und schwieg danach die ganze Stunde. Dieser Vorfall lehrte mich, dass verbotene Früchte, sobald sie einem in den Schoß fallen, oft an Geschmack verlieren. Von dieser Erfahrung habe ich später häufig Gebrauch gemacht.

Als ich eines Abends nach Hause kam, fand ich meine Wohnungstür nur angelehnt. Nichts Gutes ahnend, trat ich ins Zimmer. Ein Blick in meinen Koffer, und der Verdacht wurde zur Gewissheit: Es fehlten der Sakko, die rehbraune Hose, die mir mein Freund geschickt hatte, und ein Paar braune Stiefel, die ich vor kurzem auf dem Markt erworben hatte. Ein Einbruch also. Nervös scharrte ich nach meinen Papieren, die ich zuunterst auf den Kofferboden gelegt hatte – sie waren da. Das beruhigte mich einigermaßen, dennoch habe ich die Nacht schlaflos verbracht. Meine einzigen guten Sachen, meine Sonntagskleider, hatten sie mir gestohlen. Mir waren nur die graue Bluse und die Hose, die ich schon aus Wassjugan hatte, geblieben. Zermürbt und niedergeschlagen ging ich in aller Frühe an meine Arbeit. Die Kollegen, denen mein Missgeschick nahe ging, rieten mir, sogleich auf den Basar nach Tomsk zu gehen – vielleicht könnte ich meine Sachen dort auffinden. Ich war mutlos, konnte keinen Entschluss fassen und hielt die Unternehmung für zwecklos. Erst am nächsten Morgen erbat ich, von Zweifeln geplagt, einen Tag Urlaub, um auf die Suche zu gehen – eher um einer lästigen, selbst auferlegten Pflicht zu genügen als mit Hoffnung auf Erfolg. Zwei Stunden Weg bis zum Tom; als ich die Anlegestelle erreichte, stieß die Fähre gerade vom Ufer ab – das hieß noch zwei Stunden warten. Ich war vom Pech verfolgt. Natürlich war alles nutzlos, sinnlos; selbst wenn ich mit der nächsten Fähre übersetzte, würde ich doch zu spät auf den Basar kommen. Ich hockte mich auf einen der herumliegenden Baumstämme und döste. Im Sand zu meinen Füßen blinkte etwas; ich hob eine 5-Kopeken-Münze auf – das soll Glück bedeuten! Glück?

Der Basar lag damals am Stadtrand, weitab vom Tom. Es war Spätherbst, und nach vielen regenlosen Tagen schwebte Staub in der Luft. Öffentliche Verkehrsmittel gab es noch nicht; müde und verdrossen trottete ich die Straßen, Gassen und Gässchen dahin, verfluchte die Diebe, die Plackerei und mich Narren. Endlich bekam ich den Zaun der »Tolkutschka« zu sehen. Außerhalb der Umzäunung standen wie gewöhnlich einige besonders durchtriebene Händler, die auf schnellen Kundenfang bedacht waren. Näher gekommen, erblickte ich da als Erstes – o Gott! – die rehbraune Hose, die ein Käufer prüfend in den Händen hielt! (Wird man mir glauben?) Mit den Worten »Die ist gestohlen!«, riss ich die Hose an mich, fasste das Weib, welches das Diebesgut feilhielt, am Arm und brachte es auf die am Basar gelegene Milizwache.

Die Untersuchung ergab Folgendes: Den Einbruch hatten meine Zimmernachbarn verübt. Beide, der Mann und seine Frau, waren Wachsoldaten (!), die in der »Kommunalka« mir schräg gegenüber wohnten. Das Weib, das meine Sachen auf den Basar brachte, war erst vor kurzem nach verbüßter Freiheitsstrafe aus einer nahe gelegenen Frauenstrafkolonie entlassen worden und hatte bei meinen sauberen Nachbarn Unterkunft gefunden. Zur Gerichtsverhandlung wurde ich nicht vorgeladen, was mir sehr lieb war; man hatte von mir bloß eine schriftliche Zeugenaussage angefordert. Es tat mir Leid um das Kind der Eheleute, das nun, da über seine Eltern eine Freiheitsstrafe verhängt worden war, in ein Kinderheim eingewiesen wurde. Das hatte ich nicht gewollt. Ich war froh, meine Sachen wiederzuhaben, nach Vergeltung stand mein Sinn nicht.

Die Zeit des großen Hungers war vorbei, und indem meine Konstitution erstarkte, wurden die bisher verdrängten seelischen Bedürfnisse nach Geselligkeit wieder wach. Sosehr das Heimweh an mir auch zehrte und die in unendliche Ferne entrückten Bilder froher Tage von Zeit zu Zeit schmerzlich vor mir aufstiegen, ich konnte mich der Außenwelt nicht mehr verschließen. Nach und nach begann ich am gesellschaftlichen Leben unseres Dörfchens teilzunehmen. Mit dem freundlichen Herrn A., dem ich meine Anstellung in der Kolonieschule verdankte, traf ich öfter zusammen, und bald verband uns eine innige Freundschaft, die auf Seelenverwandtschaft und Liebe zur Musik gründete. Einige Male traten wir in öffentlichen Konzerten auf; unter anderem spielten wir die Romanze in F-Dur von Beethoven in der Bearbeitung für Violine und Klavier. Meine Fertigkeit im Klavierspielen stand natürlich weit unter dem Können des Herrn A., der professioneller Violinist war (später spielte er im Tomsker Sinfonieorchester). Ein Liederabend, den wir mit einer jungen Laienkünstlerin, die einen schönen Alt hatte, zu dritt veranstalteten, wurde vom einheimischen Publikum beifällig aufgenommen. Zu meinen neuen Bekannten zählte auch ein gebildeter junger Mann, der eben erst aus dem Militärdienst entlassen worden war. Er hatte im Krieg den Feldzug bis Berlin mitgemacht, sich in der Welt umgesehen und sprach etwas Deutsch. Am Umgang mit mir schien er Gefallen zu finden, und aus einigen seiner Äußerungen konnte ich schließen, dass er sich so seine Gedanken machte über die allein selig machende bolschewistische Ideologie.

Der März brachte eine erfreuliche Wende in meinen häuslichen Verhältnissen: Mir wurde ein kleines, einfenstriges Zimmer zur

Straße hin im Erdgeschoss des so genannten »Acht-Wohnungen-Hauses« zugewiesen. Die gegenüberliegende Straßenseite grenzte an den steil abfallenden Rand der Anhöhe, auf der Dserschinski gelegen ist, und war unbebaut, so dass man über die weite Niederung hinweg, die sich von unserem Dörfchen bis zur Stadtgrenze erstreckte, die Umrisse von Tomsk wahrnehmen konnte. Im respektablen »Acht-Wohnungen-Haus« bestanden die Wohnungen aus je zwei oder drei Zimmern und Küche. In meinem Zimmerchen, das eigentlich zu einer der Wohnungen gehörte, aber separaten Eingang hatte, gab es eine Steckdose und eine kleine elektrische Kochplatte; vorbei die Zeit der ekligen Gemeinschaftsküche! Inzwischen hatte ich einen richtigen Kochtopf und eine Bratpfanne erstanden, in der ich nun ungestört köstliche Omeletts backte.

In der Tat, unsere Verpflegung war merklich besser geworden. Außer der Brotration wurden uns jetzt allmonatlich Eipulver, Graupen und etwas Butter zugeteilt. Nur Zucker bekam ich nicht, den gab's ebenso wie andere Leckerbissen nur für die Bonzen. (All diese Jahre hatte ich außer den paar Himbeeren in Stalinka nie etwas Süßes genossen. Als mir einmal die Mutter der kleinen Sophia während der Deutschstunde eine Tasse Kaffee anbot und dabei etwas Streuzucker verschüttete, war ich versucht, die Körnchen vom Tisch aufzulecken.)

An der Wand meines neuen »Appartements« hing – welch ein Komfort! – ein kleines schwarzes Radio. Ich betrachtete das Gerät mit Misstrauen: Lange bevor mir George Orwells Roman »1984« in die Hände gefallen war, kam mir beim Anblick dieses »Volksempfängers« der Verdacht auf, dass darin womöglich ein Abhörgerät montiert sei. Vorsorglich zog ich daher abends, nachdem ich die gefilterten »Letzten Nachrichten« und »Berichte« angehört hatte, dazwischen ein paar flotte Märsche über mich hatte ergehen lassen, den Stecker des suspekten Geräts aus der Steckdose, sagte danach genüsslich: »Leckt mich alle ...!« und ging entspannt zu Bett.

Wenn auf einem Sechstel der Erde alles auf dem Kopf steht, so kann es daselbst auch im Handel nicht mit rechten Dingen zugehen: Nicht der Verkäufer wirbt hier um den Kunden, sondern umgekehrt der Kunde um den Verkäufer. Valentina Petrowna, die Verkäuferin in unserem einzigen Lebensmittelgeschäft, war die ungekrönte Königin von Dserschinski. Denn von ihrer Huld hing es ab, ob sie vom Käse ein weiches Mittelstück oder eine tüchtige Rinde schnitt, ob sie schieres Fleisch oder einen mächtigen Knochen auf die Waagschale warf. Es war ergötzlich zu sehen, wie sogar hochgestellte Beamte und angesehene Frauen vor ihr katzbuckelten. »Oh, Valentina Petrowna, schon so früh zur Arbeit?«, girrten sie, sobald sie ihrer morgens ansichtig wurden. »Wieder mal abgemüht, Valentina Petrowna?!«, flöteten sie, wenn sie ihr abends begegneten, und im Flüsterton als Coda: »Kommt bald Rindfleisch rein?« Ich hätte die Schweifwedelei gern mitgemacht, wenn es etwas genutzt hätte, aber für »solche wie mich« hatte sie nur stille Verachtung übrig.

Valentina Petrowna nahm die Huldigungen gelassen und mit angemessener Würde entgegen, und nur selten verzogen sich die grellrot geschminkten Lippen im fleischigen Gesicht zu einem kühlen Lächeln. So habe ich sie in Erinnerung behalten: dicklich, aufgedonnert, aber, wie es sich für eine Königin ziemt, unnahbar und wortkarg. Immerhin, eine Schwäche hatte Ihre Majestät: Sie lutschte beständig Bonbons. Ihr wie auch vieler anderer sowjetischer Verkäufer Schicksal dürfte tragisch vorgezeichnet sein: Fettsucht oder Diabetes.

In Sibirien, wo das Klima extrem kontinental ist, gibt es eigentlich nur zwei Jahreszeiten: einen langen, harten Winter und einen kurzen, oft heißen Sommer; manchmal gönnt uns die Natur ein paar stille, milde Herbstwochen, aber ein Frühling, der »holde Lenz«, bleibt uns versagt: Etwa Ende April lässt die eisige Kälte nach, rasch tritt Tauwetter ein, und bald darauf sengt die Sonne vom Himmel herab; zu beiden Seiten der Straße liegen noch da und dort Schnee- und Eisklumpen, aber die Fahrbahn ist bereits staubbedeckt.

Im April 1946 setzte die Hitze besonders ungestüm ein. Fast im Nu sprengte der Tom seine Eisfesseln und trieb mächtige Schollen vor sich hin, die, sich ineinander schiebend und sich überlagernd, im Unterlauf eine Eisbarriere auftürmten. Nun stieg das Wasser mit enormer Geschwindigkeit an; bald war die ganze Niederung zwischen Dserschinski und Tomsk überflutet, jede Verbindung mit der Stadt unterbrochen. Anfänglich beschaute ich mit Staunen diese eindrucksvolle Naturerscheinung; als aber das Wasser nur noch einen Meter unter dem Rand unserer Anhöhe stand und tiefer gelegene

Gassen bereits überschwemmt waren, da wurde mir ein wenig unheimlich zumute. In der Nacht ertönte dumpfes Dröhnen: Der Eisstau wurde gesprengt, und nachdem das Wasser von der Niederung abgeflossen war, bot das Gelände, worauf die Schollen in verschiedensten Lagen, teils auf der Grundfläche, teils auf der Stirnseite oder übereinander gestülpt liegen geblieben waren, ein fremdartiges, urweltliches Bild. Juni 1946. Ich hatte meinen Urlaub, den mir nun niemand verweigerte, angetreten; immer noch lesehungrig, warf ich mich auf Bücher, Zeitungen, Zeitschriften; spielte Schach mit alten und neuen Partnern. Abends ging ich schwimmen; erst wenn die Sonne schon tief stand, begab ich mich heim, und da, in meiner dämmrigen Klause, beschlich mich die Schwermut, die aus den dunklen Winkeln unhörbar hervorgekrochen war.

Nein, ich fühlte es: Alle Geselligkeit, alle Tätigkeit, sogar meine Arbeit, die ich liebte, betäubten nur den brennenden Schmerz, der in mir wühlte. Ich war verschlagen worden in eine Welt, die mir fremd und Feind war: diese peinigend überlangen Tage, diese wilden, von seltsamen Geräuschen erfüllten hellen Nächte, die keine Ruhe spenden. Ach, was wir besitzen, achten wir wenig, und erst der Verlust lässt uns den wahren Wert der Dinge erkennen. Liebe, kleine Bukowina! Du warst so gut zu mir, und ich habe es nicht zu schätzen gewusst; du hast mich liebkost, ich habe es gleichmütig hingenommen. Wirst du den Undankbaren wieder aufnehmen und – wie im Märchen – von deiner Sonne bescheinen, deine Luft atmen und in deiner Erde ruhen lassen?

Das Schuljahr 1946/47 hatte begonnen. Eine Reihe Häftlinge war entlassen worden, die »Neuen« blickten argwöhnisch, die »Politischen« saßen. Ein neu eingestellter Mathematiklehrer, ein Kriegsteilnehmer, übernahm einige meiner Stunden, dafür wurde ich in Physik mehr ausgelastet. Ich hatte inzwischen viele fremde wie auch eigene Erfahrungen gesammelt und vertraute mehr und mehr auf die Grundsätze, die mir meine Überlegungen und meine Intuition diktierten. Stets war ich bestrebt, meine erzieherische Einwirkung auf die Zöglinge möglichst unaufdringlich zu gestalten, und ich glaube, dass meine stille, von aufrichtiger Teilnahme bestimmte Tätigkeit mehr Erfolge buchen konnte als jene pauschalen »Erziehungsmaßnahmen« im Posaunenton.

An einem milden Herbsttag entschloss sich unser Direktor, ein ziemlich pedantischer, engstirniger Mann, schweren Herzens zu einem erzieherischen Experiment. Auf Anregung von Klawdia J. unternahm er mit einer Gruppe Kolonisten, die sich durch gute Führung hervorgetan hatten, einen Ausflug nach Tomsk, wo auch ein Besuch des städtischen Theaters – es wurde Puschkins Tragödie »Boris Godunow« gegeben – vorgesehen war. Auf dem Rückweg gelang es einem der Häftlinge trotz der scharfen Bewachung zu entfliehen. Nach diesem Vorfall verlor unser Direktor jedes Interesse an reformatorischen Ideen und ließ alles beim Alten – zu Unrecht, wie mir schien, denn in jenem Fall war der Gewinn wohl größer als der Verlust.

Die Neujahrsbotschaft ...

»Bolschewismus in der obszönsten Bedeutung dieses Wortes...«
Thomas Mann

Dezember 1946. Was wird der Weihnachtsmann uns bringen? Die Antwort des »Djed Moros« (so wird in Russland der Weihnachtsmann genannt) verzögerte sich etwas, aber schließlich ließ die schöne Bescherung nicht allzu lange auf sich warten. Anfang Januar 1947 ging ein Milizionär von Haus zu Haus, wo Verbannte wohnten, und nahm allen die provisorischen Personalausweise ab. Was hatte das zu bedeuten? Unruhe erfasste mich. Aber vielleicht machte ich mir unnötige Sorgen, vielleicht würde man uns nur einen Vermerk in den Ausweis eintragen oder gar einen neuen, richtigen Personalausweis geben?

Tags darauf wurde ich zum Natschalnik bestellt. »Eine neue Verordnung ist erlassen worden«, eröffnete er mir kaltschnäuzig und ohne Umschweife, »ihr fahrt alle dorthin zurück, woher ihr gekommen seid.« Ich stand da wie versteinert. Nach Wassjugan?! Zurück in die Taiga, zum Hunger, zu den Läusen? Einmal hatte ich das durchgemacht, ein zweites Mal war ich dazu nicht imstande. Das war ein langsamer, qualvoller Tod... »Nein«, schrie ich auf, »nein, dorthin fahr' ich nicht. Lieber gleich erschießen!« Das war kein rhetorischer Ausruf, es war ein Schrei aus tiefster Seele. Der Natschalnik und ein mir unbekannter höherer Offizier, der wahrscheinlich aus Tomsk gekommen war, wandten sich ab und würdigten mich keiner Antwort. Für sie war der Fall erledigt. Ich ging, nein, taumelte hinaus. Auf jede Niedertracht war ich gefasst gewesen, nur darauf nicht. Das war ein Stich mitten ins Herz.

Über die Zusammenhänge glaubte ich mir aber im Klaren zu sein: Die außenpolitische Lage – das wäre es, was all dem zugrunde lag! Wenn 1944 die Beziehungen der Sowjets zu den Westmächten sich

147

günstig entwickelt hatten (diesem Umstand hatte ich die Ausreise-erlaubnis aus Nowo-Wassjugan und die freundliche Aufnahme in der Nowosibirsker NKWD-Leitung zu verdanken), so trat bald nach 1945 zwischen beiden Lagern eine Entfremdung ein, die schließlich zum Kalten Krieg führte. Im Osten Europas war der Eiserne Vorhang rasselnd niedergegangen; die Lunte, die einen neuen Kriegsbrand auslösen konnte, glomm bereits. Aber jene, die ihr Leben für Freiheit, Ehre und Würde eingesetzt hatten, ließen sich von der geballten Teufelsfaust nicht einschüchtern. Man hatte hier also allen Grund ungehalten zu sein über die störrischen Westler, die von dem Glück, das man ihnen so uneigennützig zugedacht hatte, nichts wissen wollten. An wem sollten nun die Bolschewiki ihr Mütchen kühlen? Natürlich an uns Erniedrigten, Wehrlosen. Diese erbärmliche, kleinliche, perfide Gehässigkeit, diese widerwärtige Mischung aus Bosheit und Feigheit ist für den Bolschewiken ebenso typisch wie die Federn für den Vogel. In der Metropole gezeugt, breitete sich diese Gesinnung aus wie ein Ring auf dem Wasser vom Mittelpunkt bis zur Peripherie, wo jeder Strohhalm gefügig die schaukelnde Bewegung des Zentrums mitmacht. Auch mein herzensguter Natschalnik hat es sich nicht nehmen lassen, mir die frohe Botschaft in höchsteigener Person zu bringen, der Hund. Oder wollte er diesmal in Gegenwart eines höheren Offiziers seine unbedingte Unterwürfigkeit in praxi bezeugen?

Bei meiner Entlassung dürften die geschilderten Umstände zweifellos mitgespielt haben, doch die maßgebliche Ursache meines Hinauswurfs ist mir erst nach Jahren bekannt geworden: 1947 hatte der greise Stalin, der sich als »Genius der Menschheit« glorifizieren ließ, eine zügellose Kampagne gegen die Juden gestartet, die landesweit in harte Repressalien gegen die jüdische Bevölkerung, vor allem gegen die Intellektuellen, ausartete.

»Die Juden wurden systematisch kaltgestellt... Sie trafen die mehrheitlich jüdischen ›Sabotage-Ingenieure‹ des Stahlkombinats Stalino, die zum Tode verurteilt und am 12. August 1952 hingerichtet wurden, genauso wie Molotows jüdische Ehefrau Paulina Dsemtschujina, eine hohe Funktionärin der Textilindustrie, die am 21. Januar 1949 wegen ›Verlusts von Dokumenten, die Staatsgeheimnisse enthielten‹, verhaftet und nach ihrer Verurteilung für fünf Jahre ins

Lager geschickt wurde, oder die – ebenfalls jüdische – Frau von Stalins persönlichem Sekretär, Alexander Poskrebyschew, die der Spionage angeklagt und im Juli 1952 erschossen wurde. Molotow und Poskrebyschew dienten Stalin weiterhin, als wäre nichts geschehen. Stalin inszenierte zu dieser Zeit – ebenfalls unter größter Geheimhaltung – eine andere Affäre, die so genannte ›Leningrader Affäre‹, ein wichtiger Schritt, der zusammen mit der Affäre des jüdisch-antifaschistischen Komitees die Endsäuberung vorbereiten sollte.«[43]

»Im Januar 1948 wurde Michoels (berühmter jüdischer Schauspieler – Anm. d. V.) auf Befehl Stalins ermordet. Das Staatliche (!) Jüdische Theater in Moskau wurde geschlossen. Die besten jüdischen Schriftsteller und Dichter wurden verhaftet.«[44]

(In der Abgeschiedenheit meines neuen Verbannungsortes Teguldet war ich, der einzige Jude und Verbannte im Dorf, von diesen Schikanen verschont geblieben und hatte nicht einmal davon gewusst.)

Man hatte mir schon die Entlassungspapiere ausgefertigt, als ein Schulinspektor der Tomsker NKWD-Leitung, dem es am normalen Ablauf des Schuljahrs gelegen war, durchzusetzen vermochte, dass meine Abkommandierung bis nach Schulschluss aufgeschoben wurde. Damit war mir eine Galgenfrist gegeben, und ich brauchte zumindest nicht im Winter Irrfahrten zu unternehmen.

Der Sommer kam, und nun hieß es: »Fort, fort!« Vielleicht sollte ich in Tomsk beim Leiter der Gebietsabteilung für Volksbildung vorsprechen; er möge mich egal wohin schicken, nur dass ich Lehrer bleiben dürfe, Lehrer. Das war mein Beruf, ja meine Berufung. Nur nicht wieder in den Kolchos, nur nicht nach Wassjugan, dessen Nennung allein mir schon Grauen einflößte. Aber man ließ mich wissen, dass Ch., der Leiter jener Gebietsabteilung, »solchen wie mir« unverzüglich die Tür weise. Hoffnungslos. Unweit von Dserschinski liegt das Dörfchen Timirjasewski, dort war eine Berufsschule. Vielleicht glückte es dort? Nein, alles vergeblich. Überall wurde ich abgewiesen. Verstoßen wie ein herrenloser Hund und geächtet irrte ich durch die Straßen. »Fort, fort!«, gellte es überall. Wofür? Was hatte ich verbrochen, wo gefehlt?

Mein Hirn arbeitete fieberhaft, Rettung suchend. Mein Erinnerungsvermögen spannte, straffte sich und schnürte sich schließlich zusammen zu einem dünnen Fühler, der, gleich dem Elektronenstrahl, welcher Zeile um Zeile am Bildschirm abläuft, minuziös alle Bereiche meines Hirns auf Suche nach Information abtastete, Zelle um Zelle: keine Information... keine Information... keine... keine... Halt! Es hat aufgeflackert!... Ja, ich entsann mich: Jener junge Mann, der vor kurzem aus dem Militärdienst entlassen worden war, eben der, welcher am Umgang mit mir Gefallen gefunden hatte, hatte einmal beiläufig erwähnt, dass er eigentlich eine Wohnung in Tomsk habe, da er aber im Begriff sei, sich von seiner Frau – sie sei Sekretär des Tomsker Gebietsexekutivkomitees, fügte er hinzu – scheiden zu lassen, wohne er vorübergehend hier in Dserschinski bei seiner Mutter.

Seine Frau ist Sekretär des Gebietsexekutivkomitees! Das ist ein hohes Amt, ihr ist sogar der Leiter der Gebietsabteilung für Volksbildung unterstellt. Wenn sie bei ihm ein gutes Wort für mich einlegen würde... Und er, ihr Mann, würde mir den kleinen Dienst, seine Frau darum zu bitten, gewiss nicht verweigern. Aber er war verreist! Verreist, gerade jetzt, wo meine Not am höchsten war! Ich entschloss mich, seine Mutter aufzusuchen; ich kannte sie nicht, sie aber dürfte von mir gehört haben.

Die alte, schlicht gekleidete Frau empfing mich zurückhaltend, aber nicht unfreundlich. Als ich ihr meine Bitte vortrug, zögerte sie; ich blickte sie stumm, flehentlich an, und sie ergriff den Federhalter... Noch am selben Nachmittag eilte ich nach Tomsk – wieder acht Kilometer Weg bis zum Fluss, die Fähre, staubige Straßen... Im ersten Stock eines stattlichen Blockhauses öffnete mir eine junge, hagere Brünette mit scharfen Gesichtszügen, über denen eine Spur von Müdigkeit lag, wie sie Menschen ihres Schlages eigen war; denn deren Los war, anzutreiben und angetrieben, auszuschimpfen und ausgeschimpft zu werden. Schweigend riss sie den Brief auf, schweigend überflog sie die Zeilen – mich ließ sie dabei im Hausflur stehen –, und schweigend schloss sie die Tür. Aus! Das letzte dünne Fädchen Hoffnung war gerissen. Ja, wenn der junge Mann, ihr Gemahl, selbst vorgesprochen hätte, wäre es anders gekommen. Wer weiß, wie sie sich mit ihrer Schwiegermutter stand?

Hallo, Taiga!
Mit einer Fähre nach Teguldet –
Der Tod fährt mit

Wie dem auch sei, am nächsten Morgen ging ich den schweren Gang in die Gebietsabteilung für Volksbildung; zu verlieren hatte ich ohnehin nichts. Im weiten Vorraum, von dem eine Tür in Ch.s Arbeitszimmer führte, hatten sich jetzt in den Ferien Schuldirektoren, Leiter der Rayonskomitees für Volksbildung sowie Lehrer aus verschiedenen Städten und Dörfern des Tomsker Gebiets eingefunden, um mit ihrem Chef Ch. laufende Geschäfte zu besprechen. Mit einer Gruppe aus Teguldet, einem Großdorf im gleichnamigen, nordöstlich von Tomsk gelegenen Rayon, kam ich ins Gespräch. Einen Mathematiklehrer brauchten sie nicht, aber als Physiklehrer würde man mich gern einstellen, ich müsste bloß von Ch. die Order erhalten, klärten sie mich auf. »Bloß« die Order; tja, das war eben der heikle Punkt.

Inzwischen war die Reihe an mich gekommen; ich klopfte schüchtern an die Tür (Gott steh' mir bei!) und trat ein. An einem breiten Schreibtisch saß Ch., den grau melierten Kopf in die Hände gestützt. Er dürfte mein leises Klopfen überhört haben, denn er hob erst jetzt die Augen und blickte mich forschend, etwas misstrauisch an. Stockend nannte ich meinen Namen, und siehe da! – eine wunderbare Veränderung ging mit Ch. vor: Er erhob sich, setzte ein strahlendes Lächeln auf, kam auf mich zu und drückte mir herzhaft die Hand! »Gewonnen!«, fuhr es mir durch den Kopf. »Gewonnen!« Sie, die mich tags zuvor so frostig aufgenommen hatte, hat sich doch für mich verwendet! War es die leise Hoffnung, dass dieser kleine Liebesdienst ihren Mann, den sie gewiss nicht verlieren wollte, umstimmen werde oder wollte sie es nicht mit ihrer Schwiegermutter verderben? Gleichviel, ihr sei gedankt.

Im Nu war alles erledigt: Ich erhielt die Order und Reisegeld in Höhe eines Monatsgehalts. Mein neuer Vorgesetzter, der Leiter der Rayonsabteilung für Volksbildung in Teguldet, informierte mich:

Die Reise sei recht beschwerlich, im Sommer könne man nur mit dem Schiff auf dem Tschulym – so heißt der Fluss, an dem Teguldet liegt – dorthin gelangen. Er und seine Mitarbeiter seien von Teguldet mit einer gemieteten Fähre, die ein kleiner Kutter schleppe, nach Tomsk gekommen, würden sie hier mit allerlei Waren (Nägel, Seife, Ölfarben und anderes mehr) für die Schulen des entlegenen Rayons beladen und mit ihr wieder die Rückfahrt antreten. Da sie schon am selben Tag abreisten, ich aber in Dserschinski noch meine Sachen packen musste, möge ich sie in Assino, einem Großdorf am Tschulym, erwarten – dort kämen sie in drei Tagen vorbei. Nach Assino könne ich in vier Stunden mit der Eisenbahn gelangen.[45]

Beschwingt eilte ich nach Dserschinski zurück, packte meine Siebensachen, genoss, nachdem der Alp von mir gewichen war, noch zwei erholsame Tage und traf am frühen Morgen des dritten Tages – es war ein stiller Sonntag – in Assino ein. Es erwies sich, dass die Anlegestelle im Dörfchen Wossnessenka, etwa vier Kilometer weit von Assino, lag. Ein Fuhrmann brachte meine Truhe und den Koffer dorthin, und bald stand ich am Ufer des Tschulym. Am Nachmittag kam auch richtig meine Fähre an. Sie bestand aus einem festen, mit einem Geländer versehenen Bretterboden, der von zwei Booten getragen wurde. Meine neuen Kollegen begrüßten mich freundlich. (Später bekannten sie, nicht erwartet zu haben, mich hier zu treffen. Sie hätten mich für einen Spitzbuben gehalten, der sich mit dem Reisegeld aus dem Staube machen würde.) Ich machte mir auf der rechten Seite der Fähre neben dem Geländer ein Lager zurecht, und ledig aller Sorgen, ließ ich den Blick über die Ufer schweifen. Wir fuhren den Tschulym aufwärts in Richtung Nordost; streckenweise erinnerte die Gegend an die Wassjuganer Landschaft, nur war das Wasser – gottlob! – hell.

Der Schiffer, der den Kutter führte, erwies sich als unlauterer und überdies unfähiger Geselle: Er nahm, ohne dazu berechtigt zu sein, fremde Fracht und Passagiere mit auf die Fähre; am Abend des zweiten Tages geriet er in einen nicht schiffbaren Flussarm, verfing sich dort in Fischernetzen und konnte sich erst bei Anbruch des Morgens, glücklicherweise bevor uns die Fischer entdeckt hatten, losmachen. Die überladenen Boote lagen tief im Wasser, der Bootsrand ragte nur ungefähr zwei Handbreit aus dem Wasser hervor.

Es war Mitte August; die Nächte waren schon kalt, aber unter meiner Steppdecke fühlte ich mich wohlig, und das Bewusstsein, vor dem schrecklichen Wassjugan gerettet zu sein, brachte mich in gehobene Stimmung. Ich war für die Schlafenszeit besser ausgerüstet als die anderen, die auf ihre Dienstreise nur derbe Wettermäntel oder bestenfalls leichte Decken mitgenommen hatten und nachts gewiss froren. Mein künftiger Schuldirektor, ein sympathischer junger Mann, hatte es sich klug ausgedacht: Für die Nacht schlüpfte er in eines der Boote unter dem Bretterboden; in dieser engen »Kajüte« war es immerhin wärmer.

Wir hatten das Großdorf Syrjanskoje und das Dörfchen Tscherdaty hinter uns gelassen. Lässig schlängelte sich der Tschulym durch die sibirische Tiefebene; die Gegend wurde immer öder, immer seltener kamen wir an Siedlungen vorbei. Unsere Teguldeter Gruppe hatte sich abgesondert, und mein Direktor – er hatte, wie ich erfuhr, sein Studium an der Leningrader Universität abgeschlossen – knüpfte mit mir ein Gespräch an. Wohl um mir auf den Zahn zu fühlen, brachte er die Rede auf die höhere Mathematik. Meine Antworten dürften ihn zufrieden gestellt haben, und wir plauderten noch eine Weile über dies und das.

Das Wetter war herrlich; tags entschädigte uns die strahlende Sonne für die kühlen Nächte. (Auf allen meinen Irrfahrten, außer nach Kuntiki, hatte mich stets freundliches Wetter begleitet.) Von meinem Proviant, zwei Broten, war mir noch ein Laib geblieben; das dürfte reichen. Ich streckte mich behaglich auf meinem Lager aus, genoss die Ruhe, die frische Luft und summte nach einer damals populären Melodie ein Liedchen vor mich hin: »Wir fahren, fahren, fahren, wir fahren nach Teguldet.«

Der sibirische Herbst kündigte sich durch eine empfindlich kalte Nacht an, ein schneidender Südostwind machte mich sogar unter der warmen Decke schaudern. Von der Kälte getrieben, waren wir alle, sobald der Morgen graute, aufgestanden (nur der Direktor schlief noch in seiner »Kajüte«), reckten die steifen Glieder und ließen uns von der aufgehenden Sonne wärmen. Ich holte mein Messer hervor und wollte mich gerade an mein Frühstück machen, als das rechte Boot unter mir plötzlich absackte; einen Augenblick lag die Fähre schief, dann ging auch das linke Boot unter: eine Katastrophe! Zum Glück sank die Fähre nicht auf den Grund – der Bretterboden erwies sich als eine Art Floß; einige leichtere Kisten, darunter meine Truhe, schwammen auf dem Wasser, andere waren fortgeschwemmt worden. Von einem Teil ihrer Last befreit, hielt sich die untergetauchte Fähre in der Schwebe, nur das Geländer ragte ein wenig aus dem Wasser. Wir standen immer noch auf dem Bretterboden, aber bis zu den Hüften im Wasser. Jemand suchte im linken Boot nach dem Schuldirektor – das Boot war voll gelaufen, sonst aber leer; das eindringende Wasser musste ihn im Schlaf überrascht und wahrscheinlich unter den Bretterboden gerissen haben. Der Schiffer machte den Kutter von der Fähre los, wendete und kam auf uns zu. Er nahm zwei Männer an Bord und kreuzte flussabwärts auf der Suche nach dem jungen Mann. Unterdessen trieb unsere Fähre weiter, langsam kreisend. Eine Weile waren wir wie gelähmt; schließlich fasste man sich und suchte, durch das meterhohe Wasser watend, nach dem Gepäck. Vieles war weggeschwemmt worden. Die Steppdecke und das Polster konnte ich herausfischen; ich hängte sie aufs Geländer. Die Truhe schwamm in greifbarer Nähe, aber mein mit schwarzem Kunstleder überzogener Pappkoffer war verschwunden; darin lagen meine Kleidung, Wäsche und das Wichtigste – meine Papiere, das Diplom, die Order und dergleichen! Ohne sie stand ich wieder vor dem Nichts. Verzweifelt watete ich von einer Seite der Fähre zur anderen und ließ den Blick über die Wasserfläche gleiten – ob nicht mein Koffer irgendwo zu erblicken sei. Da stieß ich mit dem Fuß an etwas Festes; ich griff ins trübe Wasser – und zog meinen Koffer heraus! Er war ein wenig abgetrieben, dann aber schnell voll gelaufen und auf den Bretterboden gesunken. Ich riss mir den Gürtel vom Leib und band den Koffer am Geländer fest. Zwar lag er auch angebunden unter Wasser, aber er war gesichert. Nach mehr als zweistündiger, erfolgloser Suche kam der Kutter zurück und schleppte uns ans linke, hohe Ufer. (Die Leiche des jungen Mannes wurde erst nach einigen Wochen aufgefunden.) Wir brachten unsere Habe – vielmehr das, war übrig geblieben war – ans Land – (es stellte sich heraus, dass ich den geringsten Schaden davongetragen hatte, nur mein Messer war verloren gegangen), stiegen das steile Ufer hinan und sahen uns um: Wir neuen Robinsone befanden uns auf einer ausgedehnten, vereinzelt mit Espen und Birken bewachsenen abgemähten Wiese, auf der, regelmäßig verteilt, Heuschober standen.

Die Männer zimmerten ein Kreuz. Jeder Sibirier, wer er auch sei, versteht mit der Axt umzugehen, und bald stand das schlichte Mahnmal, mit einer Inschrift versehen, auf einer Anhöhe am Ufer. Einige Minuten verharrten wir in Schweigen. Unsere so angenehm begonnene Fahrt hatte tragisch geendet; in Teguldet würde eine junge Frau vergebens auf ihren Mann warten. Dass an der Katastrophe der Schiffer schuld war, der die Fähre überladen hatte, darüber bestand kein Zweifel: Entweder hatte nachts der heftige Wind die Wellen über den niedrig liegenden Rand des rechten Bootes gepeitscht (das linke Boot lag windgeschützt unter dem Bretterboden) oder das rechte Boot leckte. Der Schiffer hatte sich inzwischen mit seinem Kutter nach Teguldet fortgemacht: Er wolle uns von dort Hilfe holen.

Es war heiß geworden, die Sonne strahlte. (Wie wäre es uns wohl bei Regenwetter ergangen?) Jeder machte sich nun mit seinem Gepäck zu schaffen: Die Koffer wurden geleert und die Sachen zum Trocknen in die Sonne gelegt. Als Erstes musste für ein Nachtlager gesorgt werden. Aus Heu und einigen Ästen bauten die erfahrenen Sibirier Laubhütten; auch ich machte mir, allerdings weniger geschickt, unter dem Heu eine Schlafstätte zurecht. Der Hunger, den die seelische Anspannung bisher unterdrückt hatte, meldete sich. Mein Brot, das im Koffer gelegen hatte, war völlig durchweicht. Ich zerrieb den Laib in Brösel und streute sie auf die schwarzen Kofferdeckel, die in der Sonne rasch getrocknet waren. Der Leiter der Rayonsabteilung, der die Fahrt mit seiner Frau und einem erwachsenen Sohn unternommen hatte, rief mich heran: Seine Frau bot mir zwei große Butterbrote an – irgendwie war ihr Proviant trocken geblieben; heißhungrig verzehrte ich die freundliche Gabe. Meine Kleidung, die mir an den Gliedern klebte, trocknete allmählich. Niemand hatte sich nach dem mehr als zweistündigen kalten Bad auch nur einen Schnupfen geholt; wieder einmal hatte die menschliche Psyche in den »eisernen Vorrat« gegriffen.

Nach und nach ebbte die Gemütsbewegung ab; die Sonne wärmte, in ihren Strahlen trockneten meine Wäsche, meine Kleider und Papiere (auf einigen davon zeugt die verschwommene Tintenschrift noch heute von jener Katastrophe). Zwei Männer machten sich zu Fuß flussabwärts nach dem Großdorf Syrjanskoje auf, um dort Hilfe zu suchen; auf unseren Schiffer war kein Verlass. Über zwei Tage dauerte schon unsere Robinsonade. Gegen Mittag des dritten Tages kam ein größerer Kutter auf uns zu; am Bug standen unsere Kuriere und winkten schon von weitem. Die Rettung war gekommen! Der Kutter, der für Personenverkehr eingerichtet war, nahm uns an Bord, und nach zwei Tagen gelangten wir ohne weitere Zwischenfälle nach Teguldet.

»Sdorowy muschik!«, (»Ein tüchtiger Kerl!«) sagten beifällig die Umstehenden, als ich mit meinen Kollegen die schweren Kisten mit Nägeln und Seife ans steile Ufer trug. Hier also war mein neuer Wohnsitz. Ich ließ den Blick über die Gegend schweifen. In einiger Entfernung von der Anlegestelle breitete sich vor mir eine Hochebene aus, auf der teils verstreut, teils zu Gassen geordnet, ein- und zweigeschossige Blockhäuser standen. Der erste Eindruck vom Dorf schien günstig; zumindest nahm ich keine Tümpel oder Moräste wahr, wie sie in Nowo-Wassjugan da und dort in den Straßen zu sehen waren.

Die erste Nacht schlief ich auf einem Tisch in der Mittelschule, an der ich nun angestellt war. Wo aber die folgenden Nächte verbringen? Ein Zimmer wurde mir nicht zugewiesen, ich musste also eine Mietwohnung suchen. Erst Jahre später erfuhr ich, dass Dorflehrer von Amts wegen unentgeltlich mit Wohnung, Heizung und Beleuchtung versorgt werden müssen; man hatte mir dieses Privileg vorsätzlich verheimlicht, um an einem »solchen wie mir« zu sparen. Schon am nächsten Tag fand ich ein kleines Zimmerchen, in dem gerade ein Bett und daneben ein Tischchen Platz hatten. Mein Hausherr, Pjotr Michailowitsch R., war 1941 von der Schulbank zum Kriegsdienst eingezogen und nach Kriegsende ohne eine Berufsausbildung aus dem Wehrdienst entlassen worden. Nun bewarb er sich um einen Studienplatz im Fernstudium an der Leningrader Hochschule für Holzindustrie, schloss nach einigen Jahren sein Studium erfolgreich ab, wechselte aber danach seinen Beruf und ging als Lehrer für Mathematik in unsere Mittelschule. Intelligent, gebildet und aufgeschlossen, hatte er leider einen Fehler, den er wahrscheinlich vom Krieg mitgebracht hatte – die Trunksucht. Diese bedingte wohl sein – wie das bei Alkoholikern nicht selten der Fall ist – cholerisches Gemüt. Da seine Frau auch kein Engel war, kam es manchmal, wenn er nach Gelagen mit seinen Kumpanen sich blau wie ein Veilchen zu Hause einfand, zu unerquicklichen Szenen. Mir gegenüber verhielt er sich stets maßvoll; als er in der Schule zu unterrichten begann, war ich, damals schon ein erfahrener Lehrer, ihm gern behilflich.

Gleich nach meiner Ankunft in Teguldet meldete ich mich vorschriftsmäßig in der Kommandantur. Der Kommandant, ein junger, netter Milizleutnant, überflog meine Papiere, erhob sich und reichte mir die Hand! Mir wurden die Augen feucht: Er hielt mich für einen Menschen! Ich glaube, dass in ihm die Tradition der alten, fortschrittlich gesinnten russischen Intelligenz noch lebendig geblieben war. In all den dreizehn Jahren, die ich in Teguldet zugebracht habe, wurde ich nie von der Kommandantur behelligt. Es zeigte sich, dass ich in Teguldet der einzige Verbannte vom Schub 1941 war, was sich auf meine Lage insoweit günstig auswirkte, als ich nicht auf eine feindselige Haltung der Einheimischen stieß, wie sie sich bei einer Masseneinwanderung von Fremdlingen zuweilen breit macht.

Teguldet ist am linken Ufer des Tschulym gelegen; seine Einwohnerschaft besteht zum Teil aus Überresten der Urbevölkerung, zum Teil aus Nachkommen russischer Bauern aus den westlichen Gebieten Russlands, die sich Anfang des 20. Jahrhunderts hier angesiedelt hatten. Jenseits des rechten Ufers liegen einige kleinere Dörfer, wo Verbannte lebten, die als Kulaken in den dreißiger Jahren in jener damals unbewohnten Gegend ausgesetzt worden waren und sich mit dem wenigen, was ihnen geblieben war, in der Taiga einzurichten wussten.

Am ersten September (1947) begann der Unterricht und für mich ein neuer Lebensabschnitt. Ohne Herzklopfen – meine Praxis in der »Zone« kam mir zugute – betrat ich das Klassenzimmer, wo Jungen und Mädchen mich neugierig, aber ein wenig scheu anblickten. Meinen pädagogischen Grundsätzen blieb ich treu: Offenherzigkeit, vor allem Offenherzigkeit; klare, begründete und erfüllbare Anweisungen; soweit wie möglich keine Drohungen, schon gar keine leeren; keine Sticheleien; ein Vergehen unvoreingenommen beurtei-

Abb. 10: Teguldet: die Mittelschule mit dem obligatorischen Stalin-Porträt (1951)

len, mehr den Schuldigen reden lassen als auf ihn einreden (meist liegt sein Vergehen so offen zutage, dass er im Bestreben, sich zu rechtfertigen, sich nur mehr in Widersprüche verstrickt, ins Stocken gerät und schließlich schuldbewusst den Blick senkt); nie wortbrüchig sein; sich keine Familiaritäten erlauben, aber auch keine dulden; das Lehrfach beherrschen und den Schülern gründliche Kenntnisse beibringen; schließlich zu all dem eine Prise Humor – kein Roboter sein!

Ich erwarb mir bald die Achtung, das Vertrauen und schließlich die Sympathie der Schüler. Die Direktion setzte mich als Klassenlehrer der 7 b ein; ich leitete sie bis zur Reifeprüfung, und sie blieb meine »erste und große Liebe«. Heute noch bekomme ich von meinen ehemaligen Schülern, die alle schon Opas und Omas sind, ab und zu herzliche Briefe; manchmal erfreuen sie mich mit einem Besuch. Ich unterrichtete in den oberen Klassen Mathematik, Physik, Deutsch und Astronomie. (Im letztgenannten Fach war ich Autodidakt, erwarb mir aber durch strebsames Studium ausreichendes Wissen; 1990 erschien mein noch 1976 verfasstes Lehrbuch »Astronomie, ein Lehrbehelf in deutscher Sprache für Mittelschulen«.)

Es ging nicht ohne Kuriosa ab. Ganz wie in dem Liedchen »Irgendeinmal kommt irgendwer von irgendwoher und nimmt dein kleines Herzchen mit, und du bist glücklich« (gesungen, glaube ich, dereinst vom unwiderstehlichen Willy Fritsch) fand sich unversehens um die Mitte des Schuljahres ein mutiger Leutnant in Teguldet ein und entführte unsere junge, hübsche Chemielehrerin. Da standen wir nun ohne Chemie da. Inzwischen hatte der Direktor, der einmal in meiner Physikstunde hospitierte, mich die Formel H_2SO_4 (zum Thema »Akkumulatoren«) an die Tafel schreiben sehen und schloss daraus kühn, dass ich in der Chemie beschlagen sei; die Folge: ich sollte Chemie in Klasse 10 unterrichten. All mein Sträuben, meine Beteuerungen, dass ich keinen blassen Dunst von diesem übel riechenden Fach hätte, konnten ihn nicht umstimmen; ich wurde ins Parteikomitee bestellt, wo man, sich auf die Leitsätze des Marxismus-Leninismus stützend, mich ohne weiteres überzeugte, dass ich Chemie unterrichten könne, folglich müsse. Zum Glück war das zur Zeit der Winterferien, und ich konnte mich im Laufe von zwei Wochen auf die nächsten Chemiestunden vorbereiten. Im

Folgenden büffelte ich den Stoff, schaffte mir Lehrmittel in Chemie an und brachte es so weit, dass ich komplizierte Experimente vorzeigen und schwierige Aufgaben lösen konnte. Als nach zwei Jahren eine richtige Chemielehrerin aus Tomsk mich ablöste, tat es mir schon Leid, die Stunden abtreten zu müssen.

Dem Lehrerkollektiv war ich verbunden; es waren aufrichtige, ehrliche Menschen, zu denen ich bald ein gutes Verhältnis gewann. Nur der neue Direktor, der in den letzten Jahren meines Aufenthalts in Teguldet der Schule vorstand, ein kluger, fähiger, aber durchtriebener Mann, ließ mich von Zeit zu Zeit fühlen, dass ich ein »solcher« sei, und trug mir allerlei Kuliarbeit auf: Unter anderem musste ich am Ende des Schuljahrs »Beurteilungen« der Leistungen unserer Lehrer verfassen, eine Aufgabe, die eigentlich in das Ressort des Leiters des Lehrkörpers fiel, zudem ein umständliches und sinnloses Geschreibsel, das niemand las; nichtsdestoweniger musste alljährlich dieses Ritual eingehalten werden.

Seit den fünfziger Jahren wurden überall im Land Studenten und Schüler der oberen Klassen im September zu Feldarbeiten herangezogen. Als Beginn des Schuljahrs war aber der erste September festgesetzt, und daran war nicht zu rütteln. Also kamen wir alle, Lehrer und Schüler, an diesem festlichen Tag in die Schule, lasen voller Ergriffenheit das Transparent »Dobro poschalowat!« (»Herzlich willkommen!«) über dem Eingang; der Direktor hielt eine feierliche Ansprache, und von guten Wünschen begleitet, begaben wir uns in die Klassen, wo wir neuen Stoff durchnahmen, die Hausaufgaben erläuterten, um nach zwei Tagen, diesmal ohne Pomp, in den Kolchos expediert zu werden.

Als Betreuer der Schüler mussten auch ein oder zwei Lehrer an der Partie teilnehmen, und jedes Mal war ich gezwungenermaßen mit dabei. Meist gruben wir Kartoffeln aus; meine Schüler, an Feldarbeit gewöhnte Dorfkinder, arbeiteten schnell und geübt. War unsere Arbeit auch schwer, so war sie doch nutzbringend. Zuweilen aber entsprach sie dem Konstruieren eines Perpetuum mobile. Da wurde uns einmal aufgetragen, Runkelrüben zu ernten. Der Kolchos lag wie eine Oase inmitten eines Sumpfgebiets, und um dahin zu gelangen, musste man streckenweise unsichere Knüppeldämme, die über das Moor führten, beschreiten. Meine Jungen und Mädchen hüpften mit Gekicher und Gejohle leichtfüßig wie Rehe über die schwankenden Balken, ich aber hatte alle Mühe, auf den halbverfaulten, lose liegenden Stämmen das Gleichgewicht zu bewahren.

Der Brigadier wies uns einige Felder, die jeweils durch Sümpfe voneinander getrennt waren. Nach drei Wochen hatten wir alles geschafft: Ansehnliche Haufen von Runkelrüben standen in langen Reihen auf den kahlen Feldern. »Nun, jetzt sind Sie für den Winter versorgt. So viel Rüben!«, sagte ich zum Brigadier, als wir uns verabschiedeten. Er machte eine wegwerfende Handbewegung. »Die verfaulen hier alle, wie sie dastehen«, brummte er ärgerlich, »wir haben nicht genug Beförderungsmittel, um sie einzubringen.« – »Wozu bauen Sie sie denn an?«, fragte ich verwundert. – »Es steht im Plan, so geht es von Jahr zu Jahr...« Ein Hymnus auf die Planwirtschaft!

Wenn ich jetzt auf die Jahre in Teguldet zurückblicke, so erscheinen sie mir als die verhältnismäßig beste Zeit, die ich in der Verbannung verbracht habe. Dieser Eindruck gründet sich auf meine guten Beziehungen zu den Lehrern und den Schülern, unter denen ich mich Mensch fühlte. Ich ging ganz in meiner Lehrtätigkeit auf. Als Leiter des Schulchors veranstaltete ich Konzerte (was für ein gutes Gehör und gute Stimmen doch die Dorfkinder hatten!), mit einem Schülerensemble inszenierte ich kleinere Aufführungen. Ich genoss die allgemeine Achtung; nur dann und wann wurde ich mir bewusst, dass ich in der Verbannung lebte.

Von den Begebenheiten, die in jener Zeit einen nachhaltigen Eindruck bei mir hinterließen, will ich zwei erwähnen. Beide fielen in das erste Jahr meines Aufenthalts in Teguldet. Es war im Februar 1948, als mein Hausherr etwas überraschend zu mir ins Kämmerchen trat. Er war betont freundlich, was mich ein wenig stutzig machte. Nach einigem Hin und Her rückte er mit der Sprache heraus. Sein Freund (»sprich: ›Zechbruder‹«, dachte ich), Verwalter eines Warenlagers, sei in eine missliche Lage geraten (»hat was ausgefressen«, kommentierte ich im Stillen): Bei einer unerwarteten Bestandsaufnahme habe man ein beträchtliches Manko an Alkohol festgestellt (»versoffen und verschachert«, folgerte ich sogleich); es sei ein Verfahren gegen ihn eingeleitet worden.

Ich nickte, ohne zu wissen, worauf er hinauswollte. Nun habe sein

Freund, setzte Pjotr Michailowitsch fort, den Alkohol im Sommer übernommen, und zwar nach Dekalitern. Ich unterbrach ihn. »Das verstößt gegen die gesetzlichen Vorschriften; Flüssigkeiten müssen, sofern sie nicht in verschlossenen, geeichten Behältern geliefert werden, nach der Masse gemessen, das heißt gewogen werden«, wandte ich ein. »Schon richtig«, pflichtete er mir bei, »aber daran ist jetzt nichts mehr zu ändern.« Er machte eine Pause. »Also er hat den Alkohol im Sommer übernommen«, nahm er das Gespräch wieder auf, »und jetzt ist Winter. Da hat sich doch der Alkohol zusammengezogen, nicht wahr? Und Sie, ein fachkundiger Physiklehrer, könnten doch berechnen, um wie viel sich das Volumen des Alkohols bei einer Abkühlung von +30 °C auf −30 °C verringert hat!« Er gab mir das Anfangsvolumen des Alkohols an.

Da also liegt der Hase im Pfeffer! Ich war von seiner Bitte peinlich berührt; dennoch – ich fürchtete seinen Zorn – gab ich seinem Drängen nach. »Na, unterschreiben Sie's«, sagte er fröhlich, als ich mit der Rechnung fertig war. Ich tat es. Was sich weiter zugetragen hat, erfuhr ich erst später. (Geschehen aber war Folgendes: Mein Hausherr, nicht faul, begab sich mit meinem Zettel geradewegs in die Schule und ließ sich vom vertrauensseligen Direktor, einem Vorgänger jenes durchtriebenen, meine Unterschrift beglaubigen; danach reichte er das »Gutachten« bei Gericht ein.)

Nach einigen Tagen erhielt ich eine Vorladung durch den Staatsanwalt. Mit gemischten Gefühlen, aber mir doch keiner Verfehlung bewusst, betrat ich das Amt. Kaum hatte ich meinen Namen genannt, als der Staatsanwalt mich anbrüllte: »Du betätigst dich als Winkeladvokat! Weißt du, was darauf steht?« Er hielt mir mein »Gutachten« vor. Ich wurde käsebleich. »Ich ... ich habe ja nicht geschrieben, dass es sein Alkohol ist«, stotterte ich, »ich habe ja keinen Namen genannt; ich habe nur berechnet, um wie viel sich ein Quantum Alkohol zusammenzieht, das steht im Lehrbuch der Klasse 7.« – »Wozu hast du das berechnet?«, herrschte der Staatsanwalt mich an. – »Mein Hausherr hat mich darum gebeten«, gab ich kleinmütig zur Antwort. »Wie viel hat er dir dafür gezahlt?«, wollte er wissen und schlug mit der Faust auf den Tisch. »Nichts, gar nichts«, beteuerte ich, dem Weinen nahe, »ich wollte ihm ja nur einen Gefallen tun.« Er schnauzte mich noch einige Male tüchtig an, dann ließ er mich gehen. Ich stolperte hinaus, glücklich, mit heiler Haut davongekommen zu sein. Mir aber war das eine Lehre fürs Leben: Nie wieder unbedacht eine Unterschrift zu leisten.

Die Pointe der Geschichte: Das Verfahren gegen den »Alkoholverwalter« wurde eingestellt – eben aufgrund meines »Gutachtens«. Man munkelte, dass der Untersuchungsrichter auch kein Verächter jenes Alkohols gewesen sei. Mit dem Staatsanwalt aber sollte ich noch einmal zusammentreffen, an einem anderen Ort und unter Umständen, die für mich nicht so glimpflich waren.

Es war im Juli 1948; ich hatte soeben meinen ersten Urlaub in Teguldet angetreten, als ich erkrankte. Kein Schnupfen, kein Husten, keine anderen Symptome einer Erkältung; nirgendwo Schmerzen; keine Übelkeit, aus der ich auf eine Verdauungsstörung schließen konnte – nur hohes Fieber. »Nun, es wird schon besser werden«, beruhigte ich mich. Es wurde aber schlimmer, das Fieber stieg an. Einmal packte mich sogar ein Schüttelfrost, aber bei hohem Fieber ist das ja nicht selten. Dann stellte sich Diarrhö ein. Mein Hausherr riet mir, den Feldscher aufzusuchen. »Ein gewissenhafter, erfahrener Mann«, munterte er mich auf. Klein, dürr und alt, gemahnte mich der Feldscher an Hauffs »Glasmännlein«. Er hörte mich aufmerksam an, stellte einige Fragen; sagte: »Klar, eine Malaria. Mit ein paar Chininpulvern kommst du bald auf die Beine.« Ich sah ihn ungläubig an: Nein, da stimmte etwas nicht. Von Malaria hatte ich wohl eine Vorstellung: Alle drei Tage treten Anfälle von Schüttelfrost auf – bei mir hatte sich der Anfall nicht mehr wiederholt; ferner: Malaria ist eine Tropenkrankheit, in Sibirien hatte ich nichts davon vernommen. Schließlich – das war mir offenbar – konnte die anhaltende Darmverstimmung mit Malaria in keinen Zusammenhang gebracht werden. Ja, ein Feldscher ist eben noch kein Arzt. Ach, diesmal hatte mir Paul de Kruifs populärwissenschaftliches Buch »Mikrobenjäger«, aus dem ich mein medizinisches Halbwissen schöpfte, übel mitgespielt. Es verstrichen noch einige Tage; mir ging es schlechter und schlechter; das Fieber stieg auf vierzig Grad, Diarrhö. »Ich muss zum Arzt«, dachte ich verstört.

Mir stand die Gestalt unseres Czernowitzer Hausarztes vor Augen, zu dem ich unbegrenztes, ja gläubiges Vertrauen hatte. Als Junge litt ich oft an Erkältungen und Magenbeschwerden, und wenn Dr. Krasnosselsky, das Köfferchen in der Hand, in mein Zimmer trat, leuchteten meine Augen auf; denn ich wusste, er würde mich schon gesund machen. Es tat so gut, wenn er mit seinen schlanken, kühlen Fingern behutsam meine heiße Brust abklopfte, wenn er mir gütig und zuversichtlich in die Augen blickte.

Dr. Krasnosselsky stammte aus Russland. Um 1917 emigrierte er und ließ sich in Czernowitz nieder. Er gehörte zu jener altrussischen Intelligenz, die durch ihren hohen Sinn, fortschrittlichen Geist und ihre feinen Sitten den wahren Adel der Nation darstellte. Die Revolution hat sie aus blindem Hass gegen alles Hochstehende erdrückt, ausgemerzt und danach eine neue, bolschewistisch ausgerichtete Intelligenz gezüchtet, die in der Mehrheit nicht imstande ist, sich in ihrer eigenen Sprache, einer prägnanten und wohlklingenden, richtig auszudrücken, und deren Ungeschliffenheit nur von ihrer Ignoranz übertroffen werden dürfte. Als mein Vater »geholt« wurde, wandte ich mich in meinem wirren Bestreben, Rat zu suchen, auch an Dr. Krasnosselsky. Er schlug die Hände zusammen. »Er ist doch herz- und nierenleidend«, sagte er betroffen. Aus eigenem Antrieb schrieb er mir über Vaters Gesundheitszustand ein Attest aus, worin Haftentlassung beantragt wurde. Dr. Krasnosselsky hatte eben noch altmodische Vorstellungen von Moral und Recht. Inzwischen machte sich der allgegenwärtige, nie untätige NKWD an die russischen Emigranten heran: Diese galten ja als Verräter und Todfeinde der allerbesten, humansten, menschenfreundlichsten Gesellschaftsordnung. Dr. Krasnosselsky griff zu Zyankali.

Mein Hausherr – eigentlich war er doch ein lieber Mensch – geleitete mich zum Arzt. Er stützte mich, denn ich konnte schon nicht mehr gehen; auf dem Weg zum Krankenhaus sank ich einige Male nieder. Der Arzt, dem ich meine Beschwerden klagte, unterzog mich einem Verhör: ob ich nicht unter Sträuchern Pilze oder Beeren gesammelt hätte, ob ich nicht im Wald spazieren gegangen sei, ob man mir nicht Blumen aus der Taiga gebracht habe. (Er vermutete eine Enzephalitis – eine schwere Infektionskrankheit, die von Zecken übertragen wird. Diese sind im Unterholz verbreitet.) Ich verneinte alle Fragen. Eine Weile grübelte er, sah mich hin und wieder prüfend an; schließlich meinte er: »Zur Zeit sind alle Plätze belegt, wir werden dich in einem Nebenraum unterbringen.« Mir war das gleichgültig; ich war froh, endlich in fachkundiger ärztlicher Behandlung zu sein.

Der Nebenraum erwies sich als Rumpelkammer, wo man ein Bett für mich aufgestellt hatte. Die Nacht verbrachte ich gut; das Vertrauen, das ich in die ärztliche Kunst setzte, flößte mir Mut ein und ließ mich auf baldige Genesung hoffen. Schon am nächsten Tag ging es mir, obwohl ich bisher noch gar nicht behandelt worden war (außer dass die Krankenschwester mir zweimal am Tag das Fieber maß), entschieden besser – die Krankheit schien von selbst abzuklingen. Ich war bei sprühender Laune, ein in der Verbannung nie gekanntes Hochgefühl durchströmte mich, allerlei lustige, geistreiche Einfälle fuhren mir durch den Kopf.

Aber tags darauf fühlte ich mich wieder elend – großer Gott! – wie elend! Ich fieberte, meine Kräfte schwanden. Nachts hatte ich in unruhigem Schlaf gelegen; gegen Morgen fuhr ich aus dem wirren Schlummer auf – ich konnte die Beine nicht bewegen, sie waren eiskalt. Und da wurde ich den Tod gewahr: Unbeweglich stand er am Fußende des Bettes, die blinden Augen auf mich gerichtet; er nickte mir zu. Wilde Gedanken kamen in mir auf: Wenn man mir jetzt die Beine unterhalb der Knie amputierte – sie waren ja ohnehin abgestorben –, könnte ich vielleicht als Invalide am Leben bleiben.

In dieser Nacht hatte die Oberschwester Dienst (ihr Sohn war – ein nicht unwichtiger Umstand – mein Schüler); sie dürfte mich ächzen gehört haben, trat in die Rumpelkammer und sah nach mir. Ich bat sie, mich nicht allein zu lassen; Todesangst hatte mich gepackt. Mein Zustand flößte ihr Besorgnis ein – ich sah es ihr an –, und sie holte zwei Ärzte, die gegenüber dem Krankenhaus wohnten. Und da, in dieser für mich so kritischen Lage, als mein Leben an einem Faden hing, da kam den Jüngern Äskulaps der glückliche Einfall, mir eine Blutprobe zu entnehmen. Na, und da wimmelte es nur so von Plasmodien: Malaria! Eine besondere Form von Malaria! Der alte Feldscher, wahrscheinlich ein Relikt jener verschollenen russischen Intelligenz, hatte Recht gehabt. Wenn ich nur auf ihn gehört hätte!

Ich wurde sofort in ein richtiges Krankenzimmer gebracht – viele Betten waren frei! Es stellte sich heraus, dass ich in der Rumpelkammer vorsätzlich isoliert worden war: Nachdem mein hochgelahrter Medikus seine erste Diagnose – Enzephalitis – hatte fallen lassen, tippte er auf Bauchtyphus. Nun wurde ich einer Rosskur im wahrsten Sinne des Wortes unterzogen: Man gab mir Spritzen von 20 (!) ml Akrichinlösung[46], einer gelblichen Flüssigkeit, die, wie ich später erfuhr, das Nervensystem angreift. (Chininpulver war offensichtlich für einen »solchen wie mich« zu schade.) Mein Zustand besserte sich fast augenblicklich. Nach ein paar Tagen war ich schon fieberfrei, wenn auch noch sehr geschwächt; immerhin konnte ich mich schon bewegen, mich umblicken. Sieh da, in einem der Betten lag der Staatsanwalt! Man hatte ihn am Blinddarm operiert, jetzt ging es ihm schon besser. Ich schlief fast die ganze Zeit über; meinen geschwächten, zermarterten Körper verlangte es nach Ruhe, nach Ruhe. Es war ein traumloser, heilender Schlaf. An einem Morgen – wir hatten gerade das Frühstück (Brei, Brot, Tee) verzehrt – stand der Staatsanwalt behutsam auf, humpelte ein paar Schritte zur Tür und schaltete den Lautsprecher ein. Dröhnende Marschmusik erscholl, brach über mich herein; jeder Paukenschlag traf mich wie ein Keulenschlag. Soll ich den Staatsanwalt bitten, den Lautsprecher abzustellen? Durfte ich das wagen? Soll ich, soll ich nicht? Ich fasste mir ein Herz, bat leise… Und der Staatsanwalt humpelte wieder zur Tür, der Lautsprecher verstummte. Auch Staatsanwälte können menschlich sein!

»Aber wie kommt eigentlich ein Lautsprecher in ein Krankenzimmer?«, wird man fragen. Diese Frage habe ich mir schon selbst gestellt, denn mit einem Krankenhaus verband ich die Vorstellung von hellen Räumen, blütenweißen Behängen, verchromtem Stahl, fast unhörbaren Schritten der Krankenschwestern, einem leichten Geruch von Karbol – und über allem eine lindernde, wohltuende Stille. Nun, unser Chefarzt legte Wert auf die Einführung fortschrittlicher Methoden und war mit Recht auf die Auslösung positiver Gemütsbewegungen bei seinen Patienten bedacht. Dazu schien ihm der Lautsprecher ein geeignetes Mittel: An den zentralen Rundfunk angeschlossen, stellt er den Kontakt der Kranken mit der Außenwelt her, ergötzt sie zuweilen mit munterer Marschmusik, und – was am wichtigsten ist – er lässt den Sowjetmenschen auch auf dem Krankenlager durch die »Berichte« und die »Letzten Nachrichten« der grandiosen Erfolge des Sozialismus teilhaftig werden – wobei gegenüber den Darbietungen in natura die Rundfunksendungen den

Vorzug haben, dass ihre Lautstärke geregelt werden kann: Passionierte Naturen (meist alte Jungfern mit eisgrauem Bubikopf und Zigarette; die heroische Marschmusik versetzt die verwitterten Maiden in ihre bewegte Vergangenheit) werden ein Fortissimo einschalten, während in Ehren ergraute Parteifunktionäre, leicht müde von den nicht enden wollenden Variationen über ein und dasselbe Thema, auf piano oder gar pianissimo abdämpfen können.

Nach zwei Wochen schrieb man mich gesund mit der Weisung, die Behandlung nach einem Monat ambulant zu wiederholen. An Ordnung gewöhnt, fand ich mich zur angesetzten Zeit in der Ambulanz ein. Die Krankenschwester, die mir die 20 ml Akrichinlösung einspritzte, mahnte mich, eine halbe Stunde zu ruhen. Der Folgen mir nicht bewusst, war ich leichtsinnig genug, diese Mahnung in den Wind zu schlagen; die Krankenschwester war verantwortungslos genug, auf ihrer Weisung nicht zu bestehen. Zweimal lief alles gut ab, das dritte Mal aber ... Nach etwa fünfzig Schritten verspürte ich heftige Schmerzen im Bein, ich konnte kaum gehen. An der Einstichstelle hatte sich eine Geschwulst gebildet, das Fieber stieg auf vierzig Grad. Wieder musste ich ins Krankenhaus.

Diesmal war ich seelisch gebrochen. Jahre des Hungerns hatte ich überstanden; ich war nichts als Haut und Knochen gewesen, abgerissen, verkommen und verlaust. Ich stand am Rande des Grabes, ich klammerte mich zäh an mein bisschen Leben, und wenn ich schon niederzusinken drohte, richteten mich Worte des Trostes, den gute Menschen mir spendeten, wieder auf. Aber diese schwere Malaria hatte mich zu sehr mitgenommen: Der eisige Hauch jenes Gerippes hatte mich angeweht, und ich war kraftlos geworden – meine innere Widerstandsfähigkeit war aufgebraucht.

In diesem Zustand tiefer Depression lag ich im Krankenhaus, als plötzlich mein Bettnachbar – sein Bett stand dicht nebenan – wild um sich zu schlagen begann. Von Epilepsie hatte ich wohl gehört, aber niemals einen Anfall gesehen. Mich entsetzte er derart, dass ich einen Schock erlitt. Mit starrem Blick und zusammengebissenen Zähnen ging ich umher; ich nahm die Umwelt nicht wahr. Dem Arzt berichtete ich tonlos und stockend. Er werde mir ein Beruhigungsmittel verordnen, sagte er gleichmütig, wandte sich ab und hatte mich und sein Versprechen vergessen. Wenn er mir wenigstens freundlich zugesprochen hätte! Aber im Krankenhaus lagen einige hochrangige Parteifunktionäre, und für »solche wie mich« hatte er nicht viel übrig.

Der Schock klang nach einigen Tagen von selbst ab, aber er hinterließ Spuren: Es setzten Angstzustände ein, ich fürchtete im Schlaf zu sterben und kämpfte gegen den Schlaf an. So brachte ich mich allmählich um meinen guten, tiefen Schlaf, der mich stets erquickt und mir in der Hungerzeit oft das Abendbrot ersetzt hatte. Schließlich konnte ich die Angstzustände überwinden, aber die Schlaflosigkeit blieb. Ich griff zu Schlafmitteln. Es ging bergab mit meiner Gesundheit.

So vergingen einige Jahre. Ich kam zu der Einsicht, dass ich meinen Lebenswandel von Grund auf ändern müsse, um mich vor dem Hinsiechen, das wie ein Sumpf mich langsam in die stumme Tiefe zog, zu retten. Genau eine Woche vor meinem vierzigsten Geburtstag habe ich eine russische Lehrerin geheiratet – es war und blieb ein glücklicher Tag in meinem Leben.

Eine alltägliche Geschichte

»Mutter! Ich habe deinen Wunsch erfüllt... Und an deinem Grabe, angesichts deines Kreuzes, schwöre ich: Alles, was hier geschrieben steht, ist Wahrheit... Aber manchmal ist diese Wahrheit entsetzlich. Vielleicht wäre es besser, sie aus dem Gedächtnis zu tilgen? Aber was würde dann übrig bleiben? Die Lüge, nur die Lüge!«
Jewfrosinija Kersnowskaja[47]: »Erinnerungen«

Meiner Augusta war wie mir kein leichtes, wenn auch kein außergewöhnliches Los zuteil geworden; es war eine alltägliche Geschichte. Die Massenrepressalien, die das Regime in den dreißiger Jahren zum Hohn und Spott über Menschenrechte und -würde gegen sein eigenes Volk entfesselte, haben auch Augustas Heimatdorf in der Krasnojarsker Region nicht verschont. Was in Bernard Shaws skurrilem Stück »The Simpleton of the Unexpected Isles« (»Die Insel der Überraschungen«) ein Spiel ungezügelter Phantasie ist, wurde hier grausige Wirklichkeit: Einfache Menschen – Bauern, Arbeiter, Beamte – verschwanden spurlos über Nacht; sie lösten sich in nichts auf. Alles ging planmäßig vor sich (ich habe vorhin wohl doch zu Unrecht über die Planwirtschaft gescholten): Soundso viele wurden zum »Abholen« vorgesehen; maßgebend war die Zahl, auf Einzelheiten kam es nicht an. (Unlängst habe ich von einem Mann, damals in den westlichen Gebieten Russlands ansässig, gelesen, der sich zur Zeit der nächtlichen Razzia auf einer Dienstreise befand. Nach Hause gekommen, erfuhr er, dass nach ihm gesucht worden war. Nach einigem Überlegen beschloss er, sich zu stellen – ein Entrinnen gab es ohnehin nicht. Also nahm er Abschied von Frau und Kindern, warf ein Bündel über die Schulter und begab sich »dorthin«. Jene aber blickten ihn gleichmütig an: »Kannst nach Hause gehen, wir haben den Plan schon erfüllt.«)

Nachdem also der Vater meiner Augusta, er war Schmied, und ihr ältester Bruder, sein Schmiedegeselle, »geholt« worden waren, wurden die Übriggebliebenen, die Mutter und vier Kinder, mit einem halben Tausend aus den umliegenden Dörfern zusammengetriebener Unglücklicher zu einer Kolonne formiert. Von einem berittenen Konvoi bewacht, gingen, humpelten, trippelten sie einige hundert Kilometer in den Rayon Teguldet. Man war großzügig: Jeder Familie wurde ein – ihr eigenes – Fuhrwerk zugestanden, darauf konnten die Vertriebenen einiges von ihrer Habe (Kleidung, Lebensmittel, Landwirtschaftsgeräte) aufladen. Greise und kleine Kinder durften aufsitzen! Wo sie während der Tour geschlafen haben? Bei Mutter Grün natürlich! Sie hat noch keinen abgewiesen. Die »Verpflegung«? Wenn gerastet wurde, backten die Frauen aus dem mitgenommenen Mehl dünne Fladen (Rezept siehe Auszug der Juden aus Ägypten).

Schließlich kamen die meisten – so manche Kinder und Greise sind im eigentlichen Sinne des Wortes »auf der Strecke geblieben« – am Bestimmungsort an: ein abgebranntes Waldstück mitten in der Taiga. Ein Bach schlängelte sich träge durch die düstere Gegend. Dort sollten die Vertriebenen nicht nur das Fürchten, sondern auch das Roden lernen. Als Behausung dienten ihnen fürs Erste Laubhütten; eine in der Erde ausgehobene kleine Höhle, mit einer als Rauchfang dienenden Öffnung versehen, gab den Backofen ab. Es war für sie die Steinzeit wiedererstanden.

Der Landesvater sorgte für seine Landeskinder: Von irgendwoher wurde eine Fuhre »Zwieback« (getrocknete Schwarzbrotscheiben) gebracht und unter freiem Himmel auf die Erde geschüttet; davon erhielten die Vertriebenen ihren »Pajok«. Einer von den Wachsoldaten erstieg in Stiefeln den Haufen und hielt das Gewehr schussbereit, auf dass sich niemand an den halbverschimmelten Scheiben vergreife.

Auf der Brandfläche standen verdorrte Bäume. Daraus zimmerten Halbwüchsige unter der Anleitung bejahrter Männer (die richtigen waren woanders) ganz leidliche Hütten, und solange es nicht regnete, war es drinnen hübsch trocken. Aus Lehm und Weidenruten formten die Frauen einen Herd und das Ofenrohr dazu. Für den Winter war also vorgesorgt – unter der Kälte würden sie nicht leiden. Die Erwachsenen mussten zur Arbeit: Wege über den Sumpf anlegen, Brücken bauen, den Boden urbar machen – dafür bekamen sie jetzt einen größeren »Pajok«, pro Kopf 12 bis 16 Kilogramm Mehl im Monat, etwas anderes war nicht vorgesehen. (Wasser durfte man in unbeschränkter Menge konsumieren.) Dann stellten sich die Läuse ein und brachten den Flecktyphus mit sich. Augustas jüngster Bruder und eine ältere Schwester gingen dahin. Hinter den neu angelegten Gemüsegärten, unweit der Hütten, lag der Friedhof; er wuchs rascher als die Siedlung. Die, welche starben, und die, welche noch am Leben blieben, haben hier den Weg zu Gott gefunden. Augustas Vater stellte sich ein, in einem wattegefütterten, geflickten Wams und Bastschuhen; er war – ein seltener Fall – aus dem Lager entlassen worden. Ihr ältester Bruder ist nie wiedergekommen. Die Zeit verrann und heilte die Wunden. Man richtete sich allmählich ein. Die primitiven Hütten wurden abgerissen und einfache, aber solide Blockhäuser gebaut; auf der urbar gemachten Erde gediehen Kartoffeln und anderlei Gemüse. Wie zählebig doch die Sibirier sind! Allerdings, sie konnten von Glück reden: Sie waren zur Sommerzeit vertrieben worden; winters wurden die Schübe Verbannter einfach in der verschneiten Taiga ausgesetzt – dort sind sie krepiert.[48] Der Kommandant hielt die Zeit für gekommen, der Siedlung einen Namen zu geben; er entschied sich für »Nowy Trud« – »Neue Arbeit«, was zu verstehen ist als »Arbeit unter neuen, sozialistischen (nicht räuberisch-kapitalistischen) Bedingungen«. Er hatte Humor. Das Geschick hatte mir eine liebe, gute Frau zur Seite gestellt und mit ihr kamen Freude, Ordnung und Lachen ins Haus. Weg waren Schlaflosigkeit und Mutlosigkeit! Nach einem halben Jahr kauften wir uns von unseren Ersparnissen ein kleines, aus Föhrenholz gezimmertes Häuschen am Dorfrand. Es sah von außen nett aus, aber als der Winter kam, da merkten wir, dass man uns ordentlich hereingelegt hatte: Von den Innenwänden fiel der Putz in Schichten ab und durch die Fugen zwischen den Balken fuhr der Wind ins Zimmer. Der tüchtige Zimmermann und zugleich Verkäufer hatte den Lehm einfach auf die Balken geschmiert, ohne Latten darunter zu legen; offensichtlich war das Haus von vornherein für den Verkauf bestimmt gewesen.

Meine Augusta, die seinerzeit in Nowy Trud als Verbannte in Sachen Unterkunft Erfahrungen sammeln konnte, verstopfte, so gut es ging, alle Fugen und Lücken, verhängte die Wände von innen mit Tüchern und Decken, so dass es den Eindruck machte, als ob wir uns in einem Nomadenzelt befänden. Inzwischen kam unser Erstling, Juri, auf die Welt, und wir mussten eingedenk der sibirischen Fröste für Wärme sorgen. Den großen Backofen heizte Augusta einmal am Tag, aber zur Nacht wurde es wieder kalt. Wir schafften uns einen kleinen eisernen Ofen an; angeheizt, lief er rot an und verbreitete wohlige Wärme, aber nach ein bis zwei Stunden wurde es wieder ungemütlich; ich heizte deshalb jede Nacht dreimal.

Wir hatten nur ein Bett, darin schliefen Augusta und unser Söhnchen, ich machte mir auf dem Fußboden ein Lager zurecht und schlief trotz der häufigen Unterbrechungen wie ein Murmeltier. Als der Sommer kam, rissen wir den alten Putz ab, nagelten dünne Latten auf die Wände und verputzten sie aufs Neue. Und dann gesellte sich zu Juri ein Brüderchen – Alexander. In unserem einzigen Zimmer, das dank der Vorzüge unserer fortschrittlichen Gesellschaftsordnung zugleich Schlaf-, Kinder-, Ess- und Studierzimmer war, konnten wir nun dem Winter getrost entgegensehen. Besonders für ein Kinderzimmer erwies es sich als vorzüglich geeignet: Da dort nur ein Bett, ein hoher Schrank, auf dem wir Nadeln, Schere, Streichhölzer und dergleichen »gefährliche« Dinge verwahrten, ein Tisch und zwei Hocker standen, hatten unsere Kleinen Platz genug zum Spielen.

Das innige Familienleben hatte Wunder gewirkt: Meine Gesundheit war wiederhergestellt. Ich hätte sie mir erhalten, wenn nicht ein fataler Umstand mich aus der Bahn gerissen hätte. Dieser stand in Zusammenhang mit einem weltbewegenden Ereignis: Unser weiser und geliebter Führer, Lehrer und bester Freund aller Arbeiter, Bauern und Intellektuellen, aller Greise, Kinder etc. etc., der geniale Theoretiker, Führer des Weltproletariats, das militärische Genie, der unfehlbare Generalissimus war in das marxistische Himmelreich eingegangen. Sein Nachfolger Chruschtschow führte eine Reihe von Reformen durch; eine davon betraf das Schulwesen. Es wurde die Losung »Swjas schkoly s shisnju« verkündet, was etwa als »Verbindung des Unterrichts mit der produktiven Arbeit« zu verstehen ist.

Nun, eine hierauf bezügliche Verfügung war erlassen worden; was man mit ihr anfangen sollte, wusste niemand. Also schickte man in den Sommerferien den Leiter des Lehrkörpers, der doch für alles einstehen musste, und mich, den man als Lehrer für dieses neue, rätselhafte Fach ausersehen hatte, auf eine Dienstreise nach Tomsk, wo wir am Born der pädagogischen Weisheit, dem Institut für Lehrerweiterbildung, ausführlich instruiert werden sollten.

Erwartungsvoll saß ich nun mit anderen Provinzlern im Hörsaal des Instituts, den Füller gezückt, um eine Vorlesung über den »Polytechnischen Unterricht« mitzuschreiben. Aufs Podium stieg ein stattlicher Mann mittleren Alters. »Er wird frei sprechen!«, dachte ich respektvoll, als ich kein Konzept in seinen Händen sah.

Er begann tief schürfend: »Das Wort ›Polytechnik‹«, tat er uns kund, »stammt von den griechischen Wörtern ›polys‹ und ›technikós‹.« Damit hatte die graue Theorie ein Ende, und er kam auf die Praxis zu sprechen. »Also eine Axt und eine Säge habt ihr ja wohl im Dorf«, meinte er zuversichtlich, »na, Nägel werdet ihr euch schon beschaffen, dann könnt ihr mit den Schülern mal den Lattenzaun rings um die Schule instand setzen! Ist ja auch polytechnischer Unterricht, nicht wahr?« Er führte noch einige treffende Beispiele an. »Was weiter?«, fragte ich mich. Er ging zu einem neuen Thema über: »Also, als Inspektor der Gebietsabteilung für Volksbildung bin ich überall herumgekommen. Und da, in Napas – ihr wisst doch, so 'n Dorf im Norden –, da hat eine Schülerin der sechsten Klasse einem gesunden Knäblein das Leben geschenkt.« Unser Mentor lachte herzhaft, steckte die Hände in die Hosentaschen und quasselte noch über eine Stunde. Er hatte sich mit der »Vorlesung« ein paar Rubel verdient, was eben der Zweck der Übung war.

Weiter hörten wir Vorlesungen über den dialektischen Materialismus, Vorträge über die außenpolitische Lage und über die Beschlüsse des Parteitags. Die Polytechnik war abgetan. Nun, das ließ sich ertragen; schlimmer stand es um meine Unterkunft. Ich wurde mit fünf Hörern, die ebenfalls nach Tomsk gekommen waren, um den tieferen Sinn der Losung »Swjas schkoly s shisnju« zu ergründen, in einer Schule untergebracht, wo man in einem Klassenzimmer für uns Betten aufgestellt hatte.

Meine Zimmergenossen, junge Lehrer aus der Provinz, ließen es sich gut gehen: Abends nach Hause gekommen, schmausten sie tüchtig, vergaßen auch nicht, die Tagesereignisse zu begießen, rauchten, erzählten Witze, lachten schallend und grölten bis zwölf Uhr nachts. Das zog sich eine Woche lang hin. Infolge des Krawalls, der Hitze, die damals in Tomsk herrschte, und wohl auch des Ärgers stellten sich bei mir Herzrhythmusstörungen ein. Nun traten wieder jene Angstzustände auf, die mir den Schlaf raubten. Auch zu Hause konnte ich mich nicht mehr ganz erholen; wenn ich die Herzrhythmusstörung (sie war nervös bedingt) durch Leibesübungen allmählich auch überwand, die Schlaflosigkeit ist chronisch geworden.

Wieder in Tomsk – die Erlösung

1956 bin ich von der Kommandantur »losgesprochen«, aber nicht rehabilitiert worden, das heißt, ich hatte kein Anrecht auf Rückerstattung des konfiszierten Vermögens, und es war mir nicht gestattet, in meine Heimatstadt zurückzukehren: Ich durfte sozusagen eine privilegierte Verbannung genießen. Immerhin erhielt ich einen richtigen Personalausweis. Vier Jahre später siedelte ich mit Frau und Kindern nach Tomsk über und war dort fünfundzwanzig Jahre lang Lehrer an einer Spezialschule mit erweitertem Deutschunterricht (zwischendurch [1963–70] auch Lektor für Deutsch an der Universität) und leitete den Schulzirkel für Musik und deutsche Poesie (1970–85).

Ein Vierteljahrhundert ging dahin; Tag für Tag verstrich – ich gab Unterricht, arbeitete Lehrpläne aus, hatte Aufsicht in der Schülergarderobe, damit die lieben Kinderchen einander nichts klauten; saß in »offenen« Parteiversammlungen, an denen die Beteiligung von Parteilosen, wie man uns taktvoll erklärte, »wünschenswert« sei, in Gewerkschaftsversammlungen, im Pädagogischen Rat – überall wurde derselbe Sauerteig geknetet. Ich marschierte flott in den Demonstrationszügen an den hohen Mai- und Novemberfeiertagen mit; zur Abwechslung gab es mal einen »freiwilligen Arbeitseinsatz« in der Schule oder im Kolchos. Ich stand Schlange vor Schaltern und Läden: Es war das graue sowjetische Einerlei. Natürlich wusste man in der Schule um meine Vergangenheit als Zwangsaussiedler – ab und zu musste ich eine Zurücksetzung hinnehmen, hin und wieder erfuhr ich eine Demütigung. Aber das waren schon Bagatellen für einen »solchen wie mich«.

Die Bolschewiki ... Sie hatten mir alles genommen: die Eltern, die Jugend, die Liebe, die Habe, die Heimat; sie hätten mir auch die Sprache genommen – wenn sie es vermocht hätten.

Die Ära Gorbatschow leitete eine günstige Veränderung des politi-

Abb. 11: Tomsk: der Verfasser bei der Niederschrift seiner Erinnerungen (1991)

schen Klimas und auch eine moderate Demokratisierung des Landes ein. 1993 wurden Augusta und ich rehabilitiert; ich erhielt sogar als Kompensation für das seinerzeit konfiszierte Vermögen 77 800 Rubel (umgerechnet ganze 56 DM!). Bereits 1991 hatten wir Anträge auf Aufenthaltserlaubnis in der Bundesrepublik bei der Konsularabteilung der deutschen Botschaft in Moskau eingereicht. Es folgten Monate und Jahre quälenden Bangens und Hoffens. Wie inbrünstig meine Gebete waren, die ich in schlaflosen Nächten zu Gott schickte! Wie ich dem Tag der Erlösung entgegenfieberte! Wie ich die sowjetische Grenze, diesen roten *Strich*, überqueren würde, wenn..., ja wenn...! Wie ich mir in meiner Phantasie unsere Ankunft in Deutschland ausmalte, wenn..., ja wenn...! Wie ich den süßen Duft der Freiheit einatmen würde, wenn..., ja wenn...!

Als kleiner Junge bekam ich einmal ein Buch geschenkt; es trug den Titel »Universum« und enthielt allerlei Wissenswertes, Unterhaltsames und viele Abbildungen – ein vergnügliches Kunterbunt. Sein Inhalt war längst meinem Gedächtnis entschwunden – aber jetzt, auf einmal, blitzartig stieg aus den Tiefen meines Unterbewusstseins eine Abbildung aus dem Buch empor: Es war Moritz von Schwinds Gemälde »Der Traum eines Gefangenen«: Eine kahle Zelle; durch ein hoch gelegenes Fenster fällt ein Strahlenbündel schräg in den düsteren Raum. Der Gefangene blickt voller Sehnsucht zum Fenster auf, wo jenseits der dicken Mauern die Sonne, die Freiheit locken. Ich hatte damals diese Abbildung kaum beachtet – die Natur hat mich nicht mit Sinn für die bildende Kunst gesegnet –, und nun sah ich dieses Gemälde klar, scharf, in allen Details. Der Gefangene! Ich hatte mich mit ihm identifiziert: Er war es, der jenes versunkene Bild mit aller Deutlichkeit in mir heraufbeschwor!

Es kam der Tag, der mir nach langen, langen dreiundfünfzig Jahren, die ich in Sibirien durchlitten hatte, die Erlösung brachte: Wir erhielten die Aufenthaltserlaubnis! Am 10. August 1994 – der Tag bleibt mir unvergesslich! – landeten wir auf dem Flughafen Berlin-Schönefeld. Ergriffen betrat ich den deutschen Boden: FREI!!! Tränen traten mir in die Augen, als ich stammelte: »Hier bin ich Mensch, hier darf ich's sein!«

Ich war siebenundzwanzig, lebensfroh und voll stolzer Zukunftspläne, als das bolschewistische Unheil über uns hereinbrach. Als kraftloser Greis kehrte ich mit einundachtzig Jahren nach Europa zurück.

Meine Heimatstadt Czernowitz habe ich nie wiedergesehen.

Epilog

Es ist das schwerste Verbrechen des bolschewistischen Regimes, dass es den Menschen seiner Würde beraubt und den göttlichen Funken in ihm erstickt hat.

Stalins Wortschöpfung »wintiki« (»Schräubchen«[49] – servil von Zeitungsschreibern und Literaten sofort aufgegriffen) als Bezeichnung für alle jene, die im Hinterland – an der Werkbank, auf den Kolchosfeldern – rastlos, ohne Urlaub mit um den Sieg im Großen Vaterländischen Krieg gerungen haben, birgt in sich eine furchtbare Wahrheit, die der bei jenem Toast anlässlich des Siegesfestes leutselig gestimmte Generalissimus ungewollt enthüllt hat: Dass diese bolschewistisch gezüchteten Robotermenschen völlig unbeseelt seien – wie die Schrauben: grau, einförmig, willenlos und gleichsam mechanisch einsetzbar.

1940/41 und nach 1945 wurde neues Menschenmaterial zugeführt; die Schübe kamen aus Polen, Bessarabien, der Bukowina und dem Baltikum. Die stoffliche Beschaffenheit dieses Materials erwies sich als einigermaßen spröde: Es musste bearbeitet, durchgeknetet und nach dem Vorbild der »Schräubchen« geformt werden – eine Aufgabe, mit der der erfahrene NKWD trefflich fertig wurde. Freilich, ein gewisser Ausschuss ließ sich bei dieser Verarbeitung nicht vermeiden, und das »KarLag«, »SibLag« und andere Lager wurden neu aufgefüllt. Haarspalterei wurde nicht geübt: Besser ein paar Viecher zu viel geschnappt als eins zu wenig. Es galt der NKWD-Leitsatz: »Byl by tschelowek, a statja naidjotsa.« – »Hat man erst den Mann, ein Paragraph für ihn wird sich schon finden.«

Was von den Schüben übrig blieb – viel war es nicht –, das waren

gebrochene, erniedrigte, deklassierte, an Leib und Seele ver-
krümmte Wesen, für die die Bezeichnung »Mensch« nur bedingt
zutreffen konnte. In Maxim Gorkis Drama »Na dnje« (»Nacht-
asyl«) spricht einer der Helden das geflügelt gewordene Wort:
»Tschelowek! Eto swutschit gordo!« (»Ein Mensch! Das klingt
stolz!«). Die Sentenz gellt mir, der mit dem doppelten Brandmal –
Verbannter *und* Jude – gezeichnet ist, wie Hohngelächter in den
Ohren.

Der große Mann, der es zuwege brachte, Vernunft, Ehre, Würde,
Freiheit und Leben in ihr Gegenteil zu verwandeln, wurde noch zu
Lebzeiten »kanonisiert«. Sein Bildnis prangte in jenen Jahren überall: in den Kindergärten, Schulen, Ämtern, Kolchoskontoren, im
Gericht und im Lager. Der große Mann wird meist im Halbprofil
dargestellt; durch ein leises Lächeln und eine kunstvolle Retusche
soll der Ausdruck des derben, pockennarbigen Gesichts mit kleinen,
tückischen Augen unter buschigen Brauen gemildert werden – mir
schien es immer, als ob ich einen Tiger grinsen sähe.

Die Angst vor ihm (mich schaudert es, seinen Namen auszuspre-
chen) und dem NKWD[50], die bleiche, würgende Angst des Verbannten und Juden, sitzt mir wie der sibirische Frost jetzt noch in
den Gliedern, und ich kann dem bohrenden Blick eines Milizionärs
oder auch nur eines Passanten nicht standhalten. Die verwunsche-
nen schwarzen Wasser des Wassjugan haben mir mein stolzes Men-
schentum genommen, und kleinmütig senke ich die Augen.

In aller Welt studieren Wissenschaftler, die sich mit der Geschichte der Sowjetunion befassen, Parteidokumente, Archivmaterial,
Protokolle; mit profundem Fachwissen werten sie statistische Da-
ten, Zeugenaussagen und Memoiren aus: Sie analysieren das Phä-
nomen des Bolschewismus, suchen seine Ursachen zu ergründen,
die Begleiterscheinungen zu beurteilen, und umreißen aus prognos-
tischer Sicht seine möglichen Auswirkungen. Hut ab vor den gelehrten Männern! Ich kann mich mit ihnen nicht messen. Das Einzige, was ich ihnen voraushabe – worum sie mich aber gewiss nicht
beneiden –, das sind über fünfzig Jahre Praxis in Sibirien. Und aufgrund der Erfahrungen, die zu sammeln mir genügend Zeit gelassen wurde, bin ich zur Einsicht gekommen, dass die anscheinend
unberechenbare, der westlichen Welt oft unverständliche Hand-

lungsweise der Bolschewiki sich fassen lässt, wenn man von zwei Axiomen ausgeht:

1. Alles, was sie reden, ist Lüge.
2. Es gibt keine Gemeinheit, deren sie nicht fähig sind.

Das ist der langen Rede kurzer Sinn.
Videant consules...![51]

Tomsk, 1991/92
Regensburg, 2001/02

Anmerkungen

1 Nach dem ruthenischen Freiheitskämpfer O. S. Dowbusch (18. Jh.).
2 Lẹu – *Mz.* Lẹi: rumänische Währungseinheit.
3 »Die Bezeichnung ›Schwäbisch‹ wird aber schlechthin für die *deutsche* Siedlung des 18. und 19. Jh. in Südost- und Osteuropa verwendet und ist eine typische Kolonistenbezeichnung dieser Zeit gewesen, ohne dass also damit in jedem Fall Schwabensiedlungen oder schwäbische Mundarten gemeint sind…« Kleine Enzyklopädie »Die deutsche Sprache«, hrsg. von E. Agricola u. a., Leipzig 1969.
4 Altes, damals noch viel gebrauchtes Hohlmaß; eine Oka entspricht ungefähr 1,3 Liter.
5 Zitiert nach Martin Pollack, Nach Galizien, Wien 1984, S. 144 f.; siehe dazu auch »Czernowitz am Pruth, Hauptstadt der Bukowina« (1–6) von Prof. E. Turczynski. In: Die Stimme. Mitteilungsblatt für die Bukowiner, Tel Aviv 2001.
6 Nach einem rumänischen Schriftsteller und Politiker (19. Jh.).
7 »König-Ferdinand-Straße.«
8 Den Lesern, die sich von diesen Zuständen ein Bild machen wollen, empfehle ich die Komödie »Ein verlorener Liebesbrief« (dt. 1942) des rumänischen Schriftstellers I. L. Caragiale (1852–1912), m. E. eine der besten in der Weltliteratur. Zwar spielt das Stück um die Wende des 19./20. Jh., aber seitdem hat sich nicht viel geändert.
9 Zitiert nach Prof. E. Turczynski. In: Die Stimme. Mitteilungsblatt für die Bukowiner, S. 3. Tel Aviv, Juli 2001.
10 Nationale Bauernpartei.
11 Benannt nach dem Fürsten I. A. Cuza, der 1859 die Moldau und Walachei vereinigte.
12 Ein fast vollständiges Vokabular dieser Ausdrücke findet der wissensdurstige Leser im autobiographischen Roman »Eto ja – Editschka« (»Ich bin's – Editschka«) des zeitgenössischen russischen Schriftstellers Edward (Eduard) Limonow. Eine deutsche Übersetzung ist unter dem gemeinverständlichen Titel »Fuck off, Amerika«, eine französische unter dem Titel »Le poète russe préfére les grands nègres« erschienen.
13 »Realgymnasium Nr. 2« (rum.).
14 Dieser Überfall war in Art. 2 des geheimen Protokolls (»Zusatzprotokoll«) zum Hitler-Stalin-Pakt vom 23. August 1939 vereinbart worden.
Mit kaum überbietbarem Zynismus, sich dreist über Völker- und Selbstbestimmungsrecht hinwegsetzend, kommentierte der sowjetische Außenminister Molotow in seiner Rede bei der fünften außerordentlichen Sitzung des Obersten Sowjets am 31. Oktober 1939 den militärischen Zusammenbruch

Polens: »Die führenden Kreise in Polen haben sich oft und lautstark der ›Stabilität‹ ihres Staates und der ›Macht‹ ihres Heeres gerühmt. Jedoch genügten zwei erst von der deutschen Wehrmacht und dann von der Roten Armee rasch geführte Schläge... und nichts blieb mehr übrig von diesem unschönen Produkt des Versailler Vertrages... Jedermann sieht ein, dass eine Wiederherstellung des alten Polens überhaupt nicht in Frage kommt. Es ist daher absurd, den gegenwärtigen Krieg unter dem Motto der Wiederherstellung des früheren polnischen Staates fortzusetzen...« Zitiert nach Joe H. Kirchberger (Hrsg.), Zeugen ihrer Zeit, München/Zürich 1983, S. 809.

Bis 1989 hatte die UdSSR die Existenz des sie kompromittierenden geheimen Zusatzprotokolls hartnäckig geleugnet. In Michail Gorbatschows Rede zum 70. Jahrestag (1987) der Oktoberrevolution heißt es: »Heute wird im Westen lebhaft über die Situation in der Vorkriegszeit diskutiert. Wahrheit wird mit Halbwahrheiten vermischt... Dabei ist ihnen jede Lüge recht, um der Sowjetunion die Schuld am Zweiten Weltkrieg zuzuschieben, für den angeblich der Nichtangriffspakt Ribbentrop-Molotow den Weg freigemacht hat.« Zitiert nach Michail Gorbatschow, Perestroika, München 1987, S. 57.

Unter dem Druck gewichtiger Indizien, die vom Westen angeführt wurden, musste sich die Regierung der Sowjetunion schließlich zu einer Aufklärung bequemen. Das mit der Untersuchung betraute Mitglied der Akademie der Wissenschaften, Dmitri S. Lichatschow, kam zum Ergebnis, dass das Original des Zusatzprotokolls zwar nicht existiere, wohl aber dessen Kopie; es müsste also auch ein Original gegeben haben.

Es ist nicht auszuschließen, dass nach dem Krieg Stalin oder einer seiner Nachfolger jenes ominöse Dokument vernichtet haben, um jeden Vorwurf mit der Ausrede »nicht existent« parieren zu können.

15 Gebiet zwischen dem Pruth und dem Dnjestr; die Besetzung Bessarabiens war in Art. 3 des geheimen Protokolls vorgesehen worden.

16 Die Annexion dieses Landstrichs – ein grober Verstoß gegen das Völkerrecht, denn die Bukowina war nie Teil des Zarenreichs gewesen (Vgl. dazu Stephane Courtois/Nicolas Werth/Jean-Louis Panné/Andrzey Paczkowski/Karl Bartosek/Jean-Louis Margolin, Das Schwarzbuch des Kommunismus, München/Zürich ²1998, S. 237) – wurde von den Alliierten widerspruchslos hingenommen. Knapp ein Jahr später diente diese eigenmächtige, auch im geheimen Protokoll nicht vorgesehene Aktion der Sowjetunion Hitler als einem der Vorwände, um über seinen Vertragspartner herzufallen: »Schon die Besetzung der Nordbukowina war ein Verstoß gegen diese Vereinbarung« (aus Hitlers Aufruf »Soldaten der Ostfront« in: Hans-Adolf Jacobsen/Hans Dollinger [Hrsg.], Der europäische Krieg, Wiesbaden 1963, 1. Bd., S. 374).

17 Zitiert nach Otto Brusatti/Christoph Lingg, Apropos Czernowitz, Wien/Köln/Weimar 1999, S. 114. Die Autoren vermitteln ein anschauliches Bild vom Niedergang der einst blühenden Stadt, dem ehemaligen »Klein-Wien« Alt-Österreichs.

18 Nachträglich stieß ich auf einen ähnlichen Gedankengang bei Alexander Solschenizyn, Der Archipel GULAG, 3 Bde., Bern 1974, 1. Bd., S. 476: »Die Diebstahls- und Raubparagraphen bereiten dem Kriminellen keinen Kum-

mer, ha, er ist stolz darauf und wird in diesem Stolz von allen blau belitzten Natschalniks bestärkt: ›Nitschewo, bist zwar ein Bandit und Mörder, aber doch kein Hochverräter, nein, du gehörst zu *uns*, du wirst dich bessern.‹«

19 1990 hat die Staatsanwaltschaft in Tschernowzy (Czernowitz) auf meine Anfrage mir mitgeteilt, dass mein Vater rehabilitiert worden sei. Seinerzeit habe ihn eine »außergerichtliche Instanz« (darunter ist der sog. Sonderausschuss [»OSO«] des NKWD gemeint) wegen »konterrevolutionärer Verbrechen« (!) verurteilt.

20 Vgl. »Neue Zürcher Zeitung« vom 11./12. Juli 1998.

21 Wass-jugan: Mammutfluss (chantisch).

22 »Beginnend mit jenem Sommer (1918 – Anm. des Verf.) hatte das Dorf in übermäßiger Anspannung aller Kräfte Jahr um Jahr die Ernte unentgeltlich abzuliefern.« Zitiert nach Alexander Solschenizyn, Der Archipel GULAG, 3 Bde., Bern 1974, 1. Bd., S. 43.

23 »P« ist hier ein russischer Buchstabe, er entspricht dem deutschen »R«.

24 In der Sterbeurkunde meiner Mutter, die im Alter von 61 Jahren hungers gestorben ist, wird als Todesursache »Altersschwäche« (!) angegeben.

25 Im bolschewistischen System gilt die Arbeiterklasse als fortschrittlichste, während die Bauern noch von den »Überbleibseln der Vergangenheit« beeinflusst würden. Vom Verfasser frei übersetzt nach M. Rosental/P. Judin (Hrsg.), Kurzes philosophisches Wörterbuch, Moskau 1952 (in russ. Sprache). Titel des Originals: Kratkij filosofskij slowarj, S. 193.

26 Ich bin mir nicht sicher, ob dieser Vierzeiler Perlsteins geistiges Eigentum ist.

27 Der Pulverturm, dessen Grundstein 1475 gelegt wurde, befindet sich jetzt in der Prager Altstadt. Er »diente – daher der Name – gegen Ende des 17. Jahrhunderts als Schießpulverlager… 400 Jahre nach der Grundsteinlegung unternahm der Dombaumeister Josef Mocker dann die Wiederherstellung im Geist der Neogotik… Denn jetzt zog man den ersten oberen Umgang, setzte das gestreckte Walmdach auf… « Zitiert nach Detlev Arens, Prag. Kunst, Kultur und Geschichte der »Goldenen Stadt«, Köln 1991, S. 273.

28 Stadt in Rumänien.

29 Nach dem Vorsitzenden der Tscheka (Geheimpolizei) Feliks E. Dzierzinski (1877–1926).

30 Alte Überlieferungen, Chroniken und auch Forschungsreisende (18. Jh.) geben für den Fluss den Namen »Toma« (nicht »Tom«) an.

31 »Gemeinschaftshaus« (russ. Jargon).

32 Zitiert nach Rafael P. Fjodorow, Wohin geht Russland?, Bonn 1993, S. 51 f.

33 Zitiert nach A. K. Timirjasew (Hrsg.), Abriss der Geschichte der Physik in Russland, Moskau 1949 (in russ. Sprache). Titel des Originals: Otscherki po istoriji fisiki w Rossiji., S. 301. Frei übersetzt, d. V.

34 Siehe M. Rosental/P. Judin (Hrsg.), Kurzes philosophisches Wörterbuch, Moskau 1952 (in russ. Sprache). Titel des Originals: Kratkij filosofskij slowarj, S. 193. Die Zitate sind frei übersetzt, d. V.

35 Zitiert nach Wladimir I. Sekerin, Die Relativitätstheorie – eine Mystifikation des Jahrhunderts. Nowosibirsk 1991 (in russ. Sprache). Titel des Originals: Teorija otnositelnosti – mistifikazija weka, S. 42. Frei übersetzt, d. V.

37 Siehe M. Rosental/P. Judin (Hrsg.), Kurzes philosophisches Wörterbuch, Moskau 1952 (in russ. Sprache). Titel des Originals: Kratkij filosofskij slo-

warj, S. 193, S. 284 f. Den Anführungszeichen bei ›Erbsen‹ kommt eine besondere Bedeutung zu: In russischen idiomatischen Wendungen zeugt das voran- oder nachgestellte adjektivische Attribut »gorochowyj«, das dem deutschen Bestimmungswort »Erbsen-« entspricht, von einer abfälligen Einschätzung: »schut gorochowyj« = Hanswurst (wörtlich: »Erbsennarr«); »tschutschelo gorochowoje« = Popanz; lächerlich gekleideter Mensch (wörtlich: »Erbsen-Vogelscheuche«). Vgl. A. E. Graf: Russische und deutsche idiomatische Redewendungen. Leipzig o. J.

37 In: Enzyklopädisches Wörterbuch des jungen Naturforschers. Moskau 1981. (in russ. Sprache). Desgl. in: Populäre medizinische Enzyklopädie. Moskau 1979 (in russ. Sprache).

38 In: Sowjetisches enzyklopädisches Wörterbuch. Moskau 1989 (in russ. Sprache).

39 Zitiert nach I. W. Ljochin/Prof. F. N. Petrow (Hrsg.), Kurzes Fremdwörterbuch, Moskau 1950 (in russ. Sprache). Titel des Originals: Kratkij slowar inostrannych slow., S. 223. Frei übersetzt, d. V. – Ausführlich über die Lehren Mitschurins und Lyssenkos wie auch über ihre »wissenschaftliche« Tätigkeit, in: Alan Bullock, Hitler und Stalin – Parallele Leben, Berlin 1999, S. 1239 f.

40 A. S. Makarenko, sowjetischer Erzieher und Schriftsteller (gest. 1939).

41 Der Name dieses Jungen wird in Alexander Solschenizyn, Der Archipel GULAG, 3 Bde., Bern 1974, 2. Bd., S. 443 angegeben, nur ist der Ort, wo P. die Strafe verbüßte, nicht richtig bezeichnet.

42 Die Übereinstimmung mit den Worten des Hauptmanns von Kapernaum (Matth. 8,9) ist eine zufällige. Denn wenn dieser den Gehorsam als Element einer guten Zwecken dienenden Ordnung pries, der sich seine Soldaten willig fügten, so mussten wir Verbannten uns der blinden Willkür eines teuflischen Regimes beugen.

43 Zitiert nach Stephane Courtois/Nicolas Werth/Jean-Louis Panné/Andrzey Paczkowski/Karl Bartosek/Jean-Louis Margolin, Das Schwarzbuch des Kommunismus, München/Zürich [2]1998, S. 271. Vgl. dazu auch Michail Morozow, Der Georgier. Stalins Weg und Herrschaft, München/Wien [2]1980, S. 291.

44 Zitiert nach Lew Ender, Allerlei Geschichten von Ärzten, Moskau 2001 (in russ. Sprache). Titel des Originals: Rasskasy o wratschach, S. 76. Frei übersetzt, d. V. – Vgl. auch Michail Morozow, Der Georgier. Stalins Weg und Herrschaft, München/Wien [2]1980, S. 301. Ausführlicher zur »Antisemitischen Kampagne in der UdSSR 1948–1953«. Vgl. Hermann Weber/Ulrich Mählert (Hrsg.), Terror. Stalinistische Parteisäuberungen 1936–1953, Paderborn/München/Wien/Zürich 1998, S. 225–230.

45 Zu Wasser gelangt man nur auf einem großen Umweg (Tom → Ob → Tschulym) nach Assino.

46 Synthetisches sowjetisches Malariamittel.

47 Aus Bessarabien gebürtig, wurde Jefrosinija Kersnowskaja als junges Mädchen 1941 nach Sibirien deportiert: 20 Jahre Verbannung, davon 12 Jahre im Lager verbüßt. Ein kleiner Auszug aus ihren »Erinnerungen« (sie umfassen 1500 maschinegeschriebene Seiten und 685 farbige Zeichnungen) ist im Magazin »Ogonjok«, 1990, Nr. 3 und 4, veröffentlicht worden (in russischer Sprache). Das Zitat ist frei übersetzt, d. V.

48 »Es fällt einem schwer, an so viel Grausamkeit zu glauben: Dass jemand an einem Winterabend in der Taiga sagen könnte – hier bleibt ihr!« Zitiert nach Alexander Solschenizyn, Der Archipel GULAG, 3. Bd., S. 362.
49 Vgl. auch Alan Bullock, Hitler und Stalin. Parallele Leben, Berlin 1999, S. 1192.
50 Um sich dem allgemeinen Hass zu entziehen und das Entsetzen, das ihr Erscheinen hervorrief, zu dämpfen, hat sich diese Hydra fünfmal gehäutet und jeweils einen anderen Namen angenommen: Tscheka, GPU, NKWD, MGB, KGB. Jetzt nennt sie sich »FSB«.
51 Videant consules, ne quid detrimenti res publica capiat. (lat.): Die Konsuln seien wachsam, auf dass der Staat keinen Schaden nehme. Diese Worte richtete der römische Senat in kritischen Zeiten an die Konsuln.
Auf die Gegenwart bezogen und verallgemeinert, ist diese Mahnung auch heute aktuell.

Lebensbilder
Jüdische Erinnerungen und Zeugnisse
Herausgegeben von Wolfgang Benz

Fischer Taschenbuch Verlag

Ernst Klee
Auschwitz, die NS-Medizin und ihre Opfer
Band 14906

»Die Machthaber des Dritten Reiches boten
Medizinern etwas unerhört Verlockendes, in der Welt
bis dahin Einmaliges: Statt Meerschweinchen, Laborratten
und Versuchskaninchen konnten sie Menschen massenhaft
zu Versuchszwecken benutzen.«
Ernst Klee

Für dieses Buch, das auf Platz 1 der Sachbuch-Bestenliste
stand, erhielt Ernst Klee den Geschwister-Scholl-Preis.

»Man könnte Klees Buch zur NS-Medizin
auch wie einen aktuellen Kommentar zur heutigen
Entwicklung, zu den Möglichkeiten der Genforschung
lesen. Gewiß, nichts wiederholt sich. Aber eine Medizin,
die einem biologistischen Menschenbild anhängt, gibt Anlaß,
mißtrauisch zu sein. [...] Tatsache ist, daß Ernst Klee – von
seinem siebten Sinn gesteuert oder aus ihm selbstverständ-
licher Hartnäckigkeit, egal wie – die richtigen Fragen stellt
und so eine Menge frommer Lügen aufgedeckt hat. Klee
ist einer, der sich noch empören kann, der wirklich noch
fassungslos sein kann über die Gräßlichkeiten,
die geschehen sind.«
Elisabeth Bauschmid, Süddeutsche Zeitung

Fischer Taschenbuch Verlag

Stephan Malinowski
Vom König zum Führer
Deutscher Adel und Nationalsozialismus
Band 16365

Die erste umfassende Analyse des Niedergangs einer jahrhundertealten Herrschaftselite, welche die Bastion ihrer sozialen und kulturellen Macht selbst innerhalb der industriellen Moderne hartnäckig und nicht ohne Erfolg verteidigt hat. Den Mittelpunkt des Buches bildet die Selbstzerstörung adliger Traditionen und Werte, die im späten Kaiserreich mit der Annäherung an rechtsradikale Bewegungen beginnt und mit der widersprüchlichen Annäherung an die NS-Bewegung endet.

»Dieses Buch hat seit
seinem Erscheinen vor einem Jahr
Furore gemacht. Denn der Autor räumt
konsequenter als irgendein Historiker vor ihm
mit einer Legende auf. [...] Nun liegt das Werk, das 2004
mit dem erstmals vergebenen Hans-Rosenberg-Preis
ausgezeichnet wurde, in einer erschwinglichen
Taschenbuch-Ausgabe vor.«
Volker Ullrich, Die Zeit

Fischer Taschenbuch Verlag

fi 16365 / 1

Götz Aly
Im Tunnel
Das kurze Leben der Marion Samuel 1931-1943
Band 16364

Götz Aly zeichnet die Konturen des kurzen Lebens von
Marion Samuel nach, die im Alter von elf Jahren ermordet
wurde. Ihr Schicksal steht für das Schicksal hunderttausender
Kinder, die deshalb nicht leben durften, weil sie Juden waren.

»Es sind Bücher
wie dieses, mit Klassenfotos
und kopierten Aktenauszügen, die Juden und
Nichtjuden in ihrer Spurensuche zusammenführen.
Hier ist nicht mehr die Rede von ›unser Auschwitz‹
und ›euer Auschwitz‹, sondern ein Bemühen um eine
Vergangenheit, die zwar auf die Nachkommen der Opfer
und der Täter anders wirken muss, aber beiden
gemeinsam zu einer Erhellung der alten
Dunkelheit leiten kann. Marion Samuel
wird allen Lesern und Leserinnen
unvergesslich bleiben.«
Ruth Klüger, Die Welt

Fischer Taschenbuch Verlag

Robert Antelme
Das Menschengeschlecht
Aus dem Französischen von Eugen Helmlé
Band 14875

Ein einzigartiges Zeugnis, das in der französischen Literatur
als Standardwerk über die Lager, die Deportation und die
systematische Menschenvernichtung gilt. Robert Antelme,
ein Gefährte von Maguerite Duras, berichtet über Leben
und Sterben im deutschen Konzentrationslager. Sein Retter
war der junge François Mitterand, der spätere französische
Staatspräsident.

»Der Text verweigert jene Betroffenheit, die
beim Leser die Illusion des Mitleidens und damit
ein gutes Gewissen zu erzeugen vermag,
letztlich aber bloß eine Form der Abwehr ist.«
Jochen Hieber, Frankfurter Allgemeine Zeitung

»Eine Pflichtlektüre.«
Rainer Stephan, Süddeutsche Zeitung

Fischer Taschenbuch Verlag

Die Zeit des Nationalsozialismus
Eine Buchreihe
Herausgegeben von Walter H. Pehle

»Die Reihe [...] belebt immer wieder die zeitgeschichtliche Diskussion« *Hans Mommsen*

Thema: Holocaust

Götz Aly
»Endlösung«
Völkerverschiebung
und der Mord an den
europäischen Juden
Band 14067

Ulrich Herbert, Karin Orth,
Christoph Dieckmann (Hg.)
**Die nationalsozialistischen
Konzentrationslager**
Entwicklung und Struktur
Dokumentation
Band 15516

Ulrich Herbert (Hg.)
**Nationalsozialistische Ver-
nichtungspolitik 1939-1945**
Neue Forschungen
und Kontroversen
Band 13772

Raul Hilberg
**Die Vernichtung der
europäischen Juden**
Aus dem Amerikanischen
von Christian Seeger, Harry
Maor, Walle Bengs und
Wilfried Szepan
Band 24417

Raul Hilberg
Täter, Opfer, Zuschauer
Die Vernichtung der Juden
Aus dem Amerikanischen
von Hans Günter Holl
Band 13216

Hermann Langbein, Adalbert
Rückerl und Eugen Kogon (Hg.)
**Nationalsozialistische Massen-
tötungen durch Giftgas**
Eine Dokumentation
Band 24353

Fischer Taschenbuch Verlag

fi 666 021 / 1 / a